Juste une petite gifle

De la même auteure
aux Éditions de l'Observatoire

C'est une bonne situation, ça, ministre ?, 2022.

Marlène Schiappa

Pour Anne-Marie,

Juste une petite gifle

Amitiés,

Marlène

Éditions de L'Observatoire

Sauf mention contraire, les schémas sont issus des études du ministère de l'Interieur, du ministère de la Justice, ainsi que de la HAS et de l'OCDE.

ISBN : 979-10-329-2802-8
Dépôt légal : 2023, mars

170 *bis*, boulevard du Montparnasse, 75014 Paris

« Une femme avisée ne souhaite être l'ennemie de personne, mais une femme avisée refuse d'être la victime de quiconque. »

Maya ANGELOU

Introduction

La vie de couple au XXIe siècle

Dans la grande littérature, la mort apparaît souvent comme l'issue inéluctable d'une vie de couple déplaisante ou d'un amour impossible, de *Roméo et Juliette*, de Shakespeare, aux *Illusions perdues*, de Balzac. Marthe, héroïne du *Diable au corps*, de Raymond Radiguet, meurt d'amour (d'une maladie en réalité), ne pouvant quitter son mari soldat pour son jeune amant dont elle eut un bébé. Ariane et Solal, dans *Belle du Seigneur*, d'Albert Cohen, dépérissent ensemble, drogués à l'éther, dans un élan suicidaire. La princesse de Clèves tue symboliquement son mari, « rongé par le chagrin ». Même dans *L'Amour fou*, André Breton écrit au sujet de Nadja : « Amour, seul amour qui soit, amour charnel, je t'adore, je n'ai jamais cessé d'adorer ton ombre vénéneuse, ton ombre mortelle. »

Ainsi, les romans donnent souvent à voir la part sombre de la vie de couple. « Personne n'écrit sur un couple qui regarde une série télévisée calmement tous les soirs », m'a un jour rétorqué un cinéaste français célèbre, alors que je l'interpellais sur le fait que ses films présentaient toujours des histoires d'amours contrariées. Mais ce qui vaut pour le respect du schéma narratif (situation initiale, élément perturbateur, résolution du problème, etc.) ne vaut pas toujours dans la vie réelle. Et sans doute existe-t-il une ligne de crête entre les comédies romantiques mièvres se terminant par un *happy end* et la littérature suicidaire.

L'amour fou, l'amour platonique, l'amour contrarié, l'amitié amoureuse, l'amour à sens unique, l'amour naissant, l'amour passionnel, l'amour interdit, l'amour courtois... Le plan cul, le couple recomposé, le couple de même sexe, le vieux couple, le couple, le trouple... Pléthore de formes de couples existent aujourd'hui. Bien peu ignorent le conflit. « Un couple qui ne se querelle pas, c'est un couple qui ne dialogue pas, c'est un couple qui n'est jamais en désaccord, et qui donc n'existe pas. Pour moi, les conflits sont inévitables, car ils permettent au couple de mieux se connaître et d'arriver à un certain équilibre[1]. » Si le conflit et la violence sont deux phénomènes bien distincts, il semble difficile de les dissocier dans la représentation traditionnelle d'une vie de couple. On a ainsi longtemps entretenu l'idée qu'amour et violence faisaient bon ménage, que la passion et les cris faisaient durer les couples et pimentaient la sexualité.

« La fusion, ce sont ces amoureux qui vivent en autarcie, comme si la société n'existait plus, et qui s'acharnent à satisfaire l'autre à 100 % sur tous les plans, chaque partenaire devant jouer simultanément tous les rôles, analyse justement Jean-Sébastien Marsan, auteur d'*Histoire populaire de l'amour au Québec*[2]. "L'âme sœur" doit combler tous les désirs de l'autre. L'exclusivité amoureuse et sexuelle est scellée par la promesse de fidélité pure et parfaite. Le couple

---

1. Jessica Flament, « Un couple où il n'y a jamais de conflit est un couple qui n'existe pas », *La Libre Belgique*, 8 avril 2017.

2. Jean-Sébastien Marsan, « La violence, ingrédient de notre culture de l'amour », *Le Devoir*, 28 février 2020.

exclusif-fusionnel-définitif condense trop d'exigences et instaure un totalitarisme domestique. [...] Notre culture de l'amour crée un terreau propice à la violence. »

Ce qui était accepté voilà encore une génération devient aujourd'hui révoltant pour la plupart du grand public. Ce qui était un fait divers est devenu un fait de société. Ce qui était un crime passionnel est devenu un féminicide. Les formes du couple ont changé. La part des femmes mariées à l'âge de 25 ans est passée de 75 % à 10 % en cinquante ans[1]. Vingt millions de Français vivent en couple[2], mais une part importante d'entre eux confessent avoir déjà été infidèles, tandis que 53 % des couples avouent avoir déjà posté une photo romantique d'eux, heureux, sur les réseaux sociaux alors qu'en réalité cela n'allait pas entre les conjoints.

Le regard sur le couple a changé, le regard sur les violences aussi. Depuis #MeToo et le Grenelle des violences conjugales, le débat public semblait progresser, admettant enfin l'ampleur des violences sexistes et sexuelles. Chacun a répété jusqu'à plus soif que « la parole se libère », sur tous les tons. Les violences conjugales ont quitté la rubrique des faits divers pour être traitées dans la presse comme un fléau de la société. Les peines ont été augmentées. Des dispositifs nouveaux ont été créés. De plus en plus de femmes prennent le chemin des commissariats et des gendarmeries pour déposer une plainte. Un consensus semblait se dessiner

1. Maxime Vaudano, « En couple, célibataire : êtes-vous dans la norme des Français ? », *Le Monde*, 14 février 2018.

2. Jean Viard, « 20 millions de Français vivent en couple, mais presque 10 millions vivent tout seul : une montée de la solitude qui est réelle », chronique « Question de société », 13 février 2022.

dans la société sur la base d'un constat simple : frapper sa femme, c'est grave.

Pourtant, sans cesse, des femmes sont frappées ou menacées par leur conjoint. Les féminicides se poursuivent avec une régularité glaçante. Il suffit de voir à quel point les avancées conquises de haute lutte peuvent être remises en question à la moindre affaire. C'est la rhétorique de l'avocat de Jonathann Daval qui affirme qu'il a tué sa femme parce qu'elle avait une « personnalité écrasante » et méritait donc cette fin, instrumentalisant le sentiment de culpabilité des victimes de violences conjugales. Ce sont tous ces responsables politiques qui expliquent à de nombreuses reprises que certaines violences sont acceptables parce que pas trop fréquentes et dans le cadre d'un divorce, ignorant que la plupart des féminicides surviennent justement dans un contexte de rupture. C'est, finalement, cette petite musique des « exceptions », des « juste une fois » ou des « violences acceptables ». À tour de rôle, chacun y va de sa petite phrase lourde, de son assertion navrante, bref, de son idée reçue sur les violences dans le couple.

Ces idées reçues sont dangereuses. Certaines légitiment les violences conjugales (« Si ce n'est pas tous les jours, ce n'est pas grave »). Certaines entretiennent des spirales de violences. Certaines reproduisent de vieux schémas (« Le sexe est meilleur après un conflit ») ou romantisent l'assassinat. Inversement, certaines font des raccourcis scientifiquement inexacts contre les hommes ou affirment tout simplement n'importe quoi pour servir avec absurdité des propos politiques qui n'ont rien à voir avec la protection des femmes (« Les chasseurs sont plus violents avec les femmes que les végétariens »).

Pour décrypter, analyser et démonter ces idées reçues, je me suis appuyée sur dix années de chiffres des études officielles sur les « morts violentes au sein du couple » du ministère de l'Intérieur, jamais encore mises en perspective dans le détail sur la durée comme ici, mais aussi à partir des chiffres et des études statistiques de l'Organisation des Nations unies, de la Haute Autorité de santé, de l'Institut national de la statistique et des études économiques, de l'Observatoire national de la délinquance et des réponses pénales ou d'organisations féministes mondiales... Ces éléments croisés avec ceux issus de résultats d'enquêtes, d'organisations de veille des violences sexistes et sexuelles et d'associations féministes, d'extraits d'affaires de violences conjugales médiatisées ou non, permettent de dresser un panorama inédit de la situation des violences dans le couple : profil des auteurs, des victimes, jours et même heures des violences conjugales, nature de ces violences, fausses croyances sur ce qui est ou non puni par la loi...

Chaque idée reçue est mise en perspective avec des pourcentages, chiffres et affaires. Car la lutte contre les violences conjugales est un véritable sujet d'analyse et d'expertise, minutieux et scientifique, à l'opposé des grandes affirmations générales des conversations de comptoir.

Deux ans avant #MeToo, j'ai analysé le ras-le-bol des femmes face aux violences sexistes et sexuelles dans *Où sont les violeurs ?*[1], le premier livre français sur la culture du viol. J'ai présidé dix ans un réseau associatif de femmes, été experte à la Fondation Jean-Jaurès sur les droits des femmes et ai agi corps et âme depuis six ans au gouvernement : secrétaire d'État à l'Égalité femmes-hommes, j'ai porté quatre lois et 160 nouvelles

1. Éditions de l'Aube, 2017.

mesures pour protéger les femmes ; ministre déléguée chargée de la Citoyenneté, j'ai rendu obligatoire la formation pour les forces de l'ordre pour améliorer l'accueil des femmes dans les commissariats ; j'œuvre désormais, auprès de la Première ministre, au service des associations. J'ai porté la grande cause du quinquennat, créé le Grenelle des violences conjugales, les centres de prises en charge des hommes violents ; je suis à l'origine de la saisie des armes dès la plainte, j'ai fait allonger le délai de prescription pour les violences sexuelles, verbaliser le harcèlement de rue, pénaliser le cyberharcèlement et ouvrir la plainte hors les murs et en ligne, entre autres ; j'ai promu l'expression « féminicide » auprès du grand public au moment du meurtre d'Alexia Fouillot.

Ce livre est le condensé de vingt ans d'engagement, d'étude et de travail, c'est un vrai cri d'alerte et du cœur pour les femmes victimes de violences dans le couple ! Il se fonde aussi sur les analyses d'experts, de psychologues, de magistrats et d'avocats, de sociologues, de membres d'associations, de femmes... Cela en fait un guide de compréhension inédit, aussi précieux pour les professionnels aguerris que pour les adolescents, pour les féministes que pour les vieux couples.

Liste des clichés contredits dans ce livre

1. « Une gifle, si ce n'est pas tous les jours, ce n'est pas grave. »
2. « Les violences dans le couple sont des drames familiaux ou passionnels, pas des faits de société. »
3. « Si elle reste avec lui, c'est qu'elle aime ça. »
4. « Un homme violent avec sa femme peut parfaitement être un bon père pour ses enfants. »
5. « Personne ne savait. »
6. « Le mot "féminicide" est un néologisme. »
7. « Les femmes victimes de féminicide meurent sous les coups de leur conjoint. »
8. « L'emprise dans le couple n'existe pas, c'est toujours de l'amour. »
9. « Il n'y a pas de violence dans les couples de même sexe. »
10. « La rupture permet de se protéger des violences conjugales. »
11. « Parfois, quand même, elle cherche. »
12. « Le sexe est meilleur après un conflit. »
13. « Les jeunes couples sont plus fougueux et volages et risquent davantage de violences dans leur couple (et les vieux couples sont calmes). »
14. « Les hommes ne sont jamais victimes de violences conjugales. »

15. « Les féministes ne se laissent pas frapper (et un homme déconstruit féministe de gauche est forcément un gentleman non violent). »
16. « Une femme est plus en sécurité chez elle avec son mari que dehors avec un inconnu. »
17. « Si on est en couple, ça ne peut pas être un viol. »
18. « Ce qu'on appelle "violences psychologiques", c'est une simple dispute, elles ne sont définies nulle part dans la loi. »
19. « En Espagne, il n'y a plus de violences conjugales grâce à un milliard d'euros. »
20. « Les femmes mentent et accusent des hommes célèbres de violences pour devenir connues. »
21. « Les violences, c'est quand même pas tous les jours. »
22. « Les policiers ne prennent plus les plaintes. »
23. « Les femmes ne quittent pas les hommes violents faute de moyens financiers. »
24. « La prison empêche la récidive. »
25. « Les chasseurs sont plus violents avec les femmes que les végétariens. »
26. « Il n'y a pas de profil type de l'homme violent. »
27. « Les crimes d'honneur n'existent plus. »
28. « Le confinement a fait baisser les violences intrafamiliales. »

IDÉE REÇUE N° 1

« Une gifle, si ce n'est pas tous les jours, ce n'est pas grave »

C'est une gifle. Juste une gifle. Une petite gifle. Et pas tous les jours. N'en fais pas toute une histoire. Il ne l'a pas tuée, non plus, ça va ! N'exagérons rien. Ça arrive, non, de péter les plombs, et on ne sait pas, c'est peut-être par vengeance qu'elle dénonce cette gifle ?

Ces arguments, combien de fois les ai-je entendus ? Celles et ceux qui légitiment les violences dans le couple les utilisent à profusion : un coup, si ce n'est pas tous les jours, ce n'est pas grave. Comme si un alinéa de la loi spécifiait : « Vous pouvez frapper votre femme à condition que cela reste raisonnable et modérément fréquent. » Parfois, des personnes authentiquement féministes, vraiment engagées, en viennent à tenir ces discours qui minimisent et légitiment les violences conjugales : frapper sa femme de temps en temps, ce serait acceptable.

Autant dire que nous voilà renvoyés aux débats du XIXe siècle, qui tâchaient de définir à partir de quel excès de violences une femme pouvait obtenir le divorce. Victoria Vanneau l'analyse très bien : « Si ces *excès* (le fait pour un conjoint "d'outrepasser son pouvoir, d'exercer toutes sortes de voies de fait, des atteintes au corps"), si ces *sévices* ("ces mille méchancetés qui frappent une personne dans sa considération et dans son amour-propre et sans compromettre aucunement la vie, mais la rendent insupportable"), et enfin si *ces injures graves* ("l'art diabolique de martyriser sans frapper") assurent une voie de recours légale, ils signalent surtout l'existence de véritables délits, voire de crimes commis dans le cadre d'un couple[1]. »

Or, en droit, la notion de « petite violence conjugale » n'existe pas. En psychologie non plus. Il n'existe pas de seuil en dessous duquel il serait acceptable de frapper sa petite amie ou sa femme, il n'y a pas de « quart d'heure des violences » comme il existe les deux minutes de la haine chez Orwell. Transposons ce raisonnement : frapper son voisin avec modération serait toléré ? Gifler ses salariés une fois par mois serait valable ? Torturer ses amis brièvement, ponctuellement, serait compréhensible ? On comprend bien à quel point aucune violence n'est acceptable, même qualifiée de « petite », encore faudrait-il entendre ce que serait une petite gifle mise sous l'impulsion ou la colère, à partir de quand elle devient un véritable coup de poing. La notion de « violence acceptable » à l'encontre de la femme que l'on est censé aimer est tout simplement invalide.

« Il faut partir, et ce dès la première gifle ! » répète Philippe Astruc, procureur à Rennes, aux femmes qu'il rencontre[2]. La première gifle, beaucoup de femmes s'en souviennent comme un élément de prise de conscience. Sauf qu'alors elles ne l'appelaient pas « la première

---

1. Victoria Vanneau, « L'invention juridique des violences conjugales au XIXe siècle », *Les Cahiers de la Justice* 2016/2, n° 2.

2. Angélique Cléret, « "Il faut partir dès la première gifle" : les violences conjugales, priorité du procureur de Rennes », *Ouest-France*, 11 septembre 2019.

gifle », mais « la gifle », la gifle d'une fois. « J'aurais dû partir dès la première gifle que mon conjoint m'a mise pour une histoire d'assiette cassée », raconte une professeur d'histoire-géographie de Créteil qui arrive à trouver des excuses au mari violent – il faut le comprendre, il tenait à cette assiette, elle appartenait à sa grand-mère. Le début de quinze ans d'emprise[1]... « Quand on pardonne la première gifle, il est déjà trop tard pour s'en sortir », décryptait Laura Rapp, une victime, lors de la Conférence inversée sur les violences conjugales, organisée au ministère de l'Intérieur en 2021.

Se peut-il que la claque soit isolée ? Que le coup de poing soit regretté ? Que les insultes, menaces et humiliations ne se répètent pas ? Hélas, « le cycle des violences va toujours en progressant », analyse l'association Solidarité Femmes, qui gère le numéro 3919 et a accompagné des milliers de femmes face aux violences conjugales. C'est le schéma type. La gifle en amène d'autres et les humiliations ne cessent pas comme par magie. Bien sûr, chaque couple a une histoire propre, chaque individu violent a une démarche personnelle. Je n'affirme pas qu'une gifle isolée n'existe pas, nulle part, jamais. Je n'en sais rien, et j'entends ici produire un travail documenté et chiffré. Je sais, en revanche, que même une gifle une fois, même une petite gifle, n'a pas lieu d'être au sein d'un couple, ni chez qui que ce soit. Je sais que cogner sa femme devrait être encore plus condamné aux yeux du grand public, alors que ce n'est pas le cas. Qui pour s'indigner de la réaction

1. Agnès Vives, « "La première gifle, c'était pour une assiette cassée" : cette femme battue raconte ses 15 ans d'emprise », *Le Parisien*, 19 novembre 2020.

de Will Smith et de sa « gifle unique » contre Chris Rock, et qui pour s'indigner d'une claque donnée à sa femme dans la cuisine ?

Les violences sexistes et sexuelles s'inscrivent dans le cadre de ce que l'on appelle le « continuum des violences ». C'est-à-dire que « toutes les claques ne mènent pas à un féminicide, mais que l'écrasante majorité des féminicides ont commencé par une claque », comme l'a souligné la députée Aurore Bergé au cours d'un débat à l'Assemblée nationale. On ne peut pas parler de « juste une gifle ». Juste une gifle, ça n'existe pas. Juste une gifle, c'est déjà de la violence conjugale. Juste une gifle, c'est déjà de la violence. Juste une gifle, ça suffit pour éroder durablement la confiance en son partenaire. Comment, après cela, se sentir respectée et même en sécurité en sa présence ?

Il est extraordinairement difficile de dresser un panorama de la situation des violences conjugales en cumulant les cas particuliers pour aller vers des moyennes et des généralités. Le travail sur les violences dans le couple, le fait de les nommer, de quantifier et, enfin, de mener des politiques publiques s'avèrent relativement récents. La toute première enquête sur la question date de 2001 : « Nommer et compter les violences envers les femmes : une première enquête nationale en France ». Elle a été menée par la socio-démographe Maryse Jaspard pour la revue *Populations & Sociétés*.

Aujourd'hui, avec vingt ans de recul et quinze ans d'études menées par le ministère de l'Intérieur sur les morts violentes au sein du couple, et après plusieurs rapports publiés en marge du Grenelle des violences conjugales, si je fais une grosse moyenne de moyennes, je peux affirmer qu'un féminicide se produit au domicile de la victime, par un homme de 50 ans, avec une arme, tous les deux jours et demi. Les chiffres sur les féminicides existent, car le fait n'est pas contestable ; il y a un décès, une enquête et un procès pour déterminer les circonstances et les culpabilités. C'est moins le cas des violences conjugales dans leur ensemble.

« Qui peut dire qu'il ne s'est jamais énervé contre son conjoint ou sa compagne, qui peut certifier que, poussé à bout, il ne lèvera jamais la main ? Et puis, tout ne se vaut pas », répondent certains. Non, tout ne se vaut pas. C'est vrai. Une blague sexiste est moins grave qu'une gifle isolée, elle-même étant moins grave qu'un meurtre. Personne ne réclame la perpétuité pour une seule gifle. Mais entre la perpétuité et la glorification, il existe peut-être un éventail de réactions possibles pour affirmer que c'est inacceptable. On ne peut pas condamner de la même manière le macho qui fait des vannes insupportables et l'assassin qui a encore du sang sur les mains. C'est pourquoi notre droit prévoit des peines graduées et proportionnées. Mais l'argument éculé du « c'est moins grave que si c'était pire » n'a vraiment pas sa place quand on parle des violences dans le couple.

IDÉE REÇUE N° 2

« Les violences dans le couple sont des drames familiaux ou passionnels, pas des faits de société »

Comme pour toutes les violences sexistes et sexuelles, les violences conjugales reposent sur un mécanisme de peur et de honte éprouvées par la victime. Si elle a honte, elle n'en parle pas. Si elle n'en parle pas, l'impunité reste garantie à l'auteur des violences.

C'est sur ce tabou que vivent les conjoints violents depuis longtemps. Du point de vue de la loi, le Code Napoléon stipulait jusqu'à il y a cinq générations à peine que les femmes étaient des quasi-mineures ne pouvant agir sans l'aval formel de leur mari – ou, précédemment, de leur père. En leur interdisant la citoyenneté, Napoléon en avait fait des mineures enfermées dans leur foyer. Il affirmait que « la femme et ses entrailles » étaient la propriété de l'homme, et avait inscrit le devoir conjugal dans la loi (voir « Idée reçue n° 17 »). Il faut attendre le début du XXe siècle pour que l'incapacité des femmes soit levée, après deux guerres mondiales et juste avant le droit de vote. Dans ce contexte, de nombreuses familles ont grandi avec l'idée que la femme doit obéir à l'homme. Nos arrière-grands-mères, nos grands-mères, et peut-être même nos mères en fonction de votre âge, sont nées sous ce régime qui ne punissait aucunement les violences conjugales, et considérait même que, comme son fauteuil ou son cheval, l'épouse appartenait au mari. Quand ni l'honneur ni la loi ne sont de votre côté, comment vous défendre ?

Cette idée fausse que les violences conjugales seraient une affaire privée subsiste encore aujourd'hui. Si, depuis le début des années 2000, le législateur a tâché de mieux appréhender et définir ces violences, son chemin fut semé d'embûches. Le droit distingua longuement le privé du public et eut pour objet de préserver l'unité de la famille comme base de la société, comme le démontrent plusieurs historiens. « N'était pris en compte que ce qui pouvait troubler l'ordre public et donner lieu à scandale. Ce n'est donc que sous cet angle qu'étaient abordées les violences physiques [...] Et encore on préconisait le plus souvent la réconciliation. À partir de 1970, les choses commencent à changer, et de manière de plus en plus insistante au fil des années. L'idéologie individualiste aidant, on passe à une justice orientée vers la protection des personnes au sein du couple (avec notamment la réforme du Code pénal en 1992). Cela signifie une « pénétration de plus en plus forte de l'espace public dans l'espace privé de la famille », affirment ainsi les auteurs de l'article « Violences conjugales, phénomène de société, problème systémique[1] ».

Si la loi a progressé, on peut encore voir à quel point la moindre affaire de violences conjugales médiatisée entraîne aussitôt un système de défense du type « Circulez, il n'y a rien à voir ! ». C'est une « affaire de famille ». On peut affirmer que les violences conjugales

1. Michel Delage, Alexandrine Sanchez, Jean-Luc Bruno, Maryse Degiovani, « Les violences conjugales, phénomène social, problème systémique », *Thérapie Familiale* 2012/2 (vol. 33).

sont des faits de société et que ce ne sont pas des faits individuels parce qu'elles sont le produit d'un système de domination masculine et d'héritage du patriarcat. Le patriarcat n'est pas un nouveau mot-valise de féministe, c'est un terme clair définissant le modèle d'une société dans laquelle le père concentre le pouvoir de sa famille. S'il est délicat aujourd'hui d'affirmer que notre société est patriarcale (aucune loi ne confère plus de pouvoir au père, du nom de famille à la garde des enfants en passant par la PMA pour toutes), elle est encore clairement empreinte de traces du Code Napoléon, base de tout notre système juridique, et de ces habitudes.

Part des femmes parmi les victimes de violences entre conjoints enregistrées par les forces de sécurité en France en 2017, par fait de violence

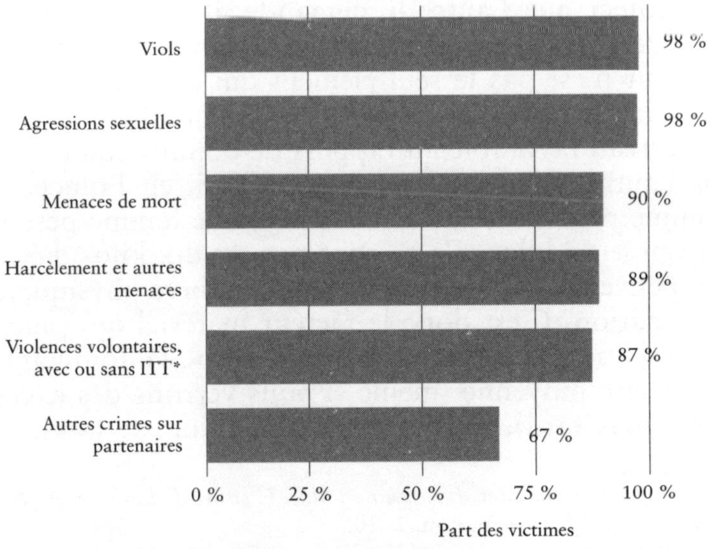

Source : Statista 2022.

Le couple est un lieu de pouvoir. Dans *L'Amour en plus*[1], Élisabeth Badinter explique que les femmes ont repris en main l'éducation de leurs enfants au XVIIIe siècle, non par instinct maternel mais par volonté de puissance : la puissance de celle qui décide comment on éduquera l'héritier. Nous n'en sommes plus là aujourd'hui – quoique ? –, mais la répartition du pouvoir économique au sein du couple interroge. Il existe (en moyenne) un déséquilibre dans les couples hétérosexuels, comme l'a démontré Lucile Quillet ou comme le démontre Titiou Lecoq dans *Le Couple et l'argent*[2] : un rapport inégalitaire financier subsiste entre les femmes et les hommes. Tandis que les femmes accomplissent toujours en moyenne 80 % des tâches ménagères, le rapport est forcément différencié entre l'homme et la femme dans le couple, à partir du moment où la société attend d'eux des choses différentes. Quand l'un donne l'argent et que l'autre le demande, il y a un rapport de force, il y a un rapport inégalitaire ; de sorte que l'amour n'est pas le seul élément qui entre en compte dans la vie de couple. C'est ce déséquilibre qui crée un terreau favorable au rapport de domination de l'un sur l'autre. Rien d'autre. Aujourd'hui, en France, un homme pèse en moyenne 74 kilos, une femme pèse en moyenne 63 kilos. Ce ne sont pas ces dix kilos d'écart qui peuvent expliquer un rapport de force physique de domination. C'est donc le facteur matériel qui joue.

Le sentiment « d'avoir le droit de… », la domination financière moyenne (même si nous verrons des exceptions plus tard), le lien entre perception de la virilité

---

1. Élisabeth Badinter, *L'Amour en plus. Histoire de l'amour maternel (XVIIe-XXe siècle)*, Flammarion, 2010.

2. Titiou Lecoq, *Le Couple et l'argent. Pourquoi les hommes sont plus riches que les femmes*, L'Iconoclaste, 2022.

et violences[1] induisent ce fait de société : l'immense majorité des victimes de violences entre conjoints sont des femmes, année après année. 98 % pour les viols, 90 % pour les menaces de mort, 89 % pour le harcèlement... Qui, devant ces chiffres, douterait de ce phénomène social ?

Pendant des années a régné l'idée reçue selon laquelle des violences conjugales étaient des faits personnels, intimes, des affaires de famille. Ainsi, on ne devait pas regarder par le trou de la serrure. Tout cela a amené les voisins à fermer les yeux, à s'abstenir d'appeler la police, les familles à éviter de s'interposer. À l'école, des professionnels au courant de ces violences ne les ont pas signalées.

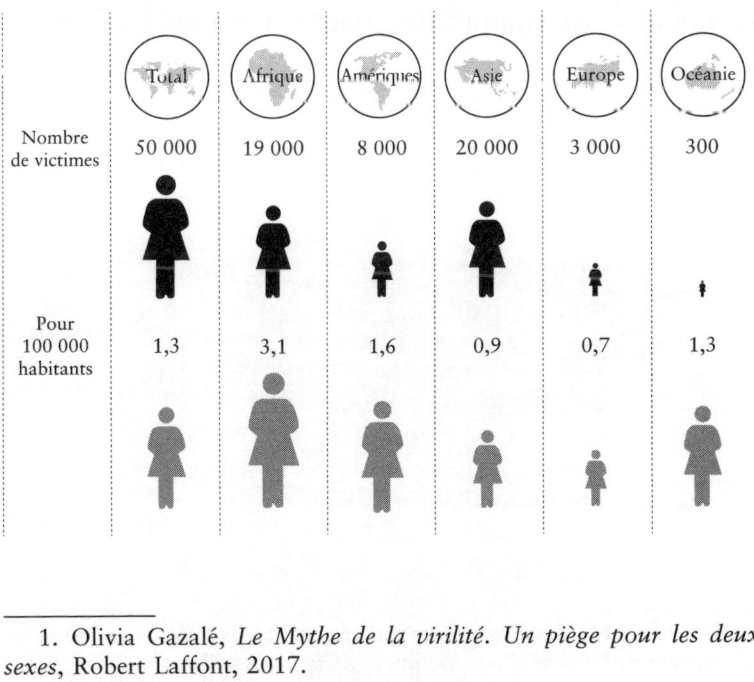

1. Olivia Gazalé, *Le Mythe de la virilité. Un piège pour les deux sexes*, Robert Laffont, 2017.

Pourtant, quand on voit qu'il y a le feu chez les voisins, on appelle les pompiers ! J'aimerais que, lorsque l'on constate des violences conjugales, de la même manière, on appelle la police parce qu'on considère que ce n'est pas une affaire privée, mais que c'est un fait de société. Quand cela fera consensus, nous aurons fait un immense pas en avant. Par ailleurs, à un rythme de 100 à 150 féminicides par an, de façon extrêmement régulière et ce depuis des années, nous pouvons qualifier les féminicides de « crime de masse ». « Un Bataclan par an », pour reprendre l'expression de la mère d'Hélène Kahn, cette propriétaire d'un centre équestre à Reims, tuée par son conjoint en mars 2017[1].

Il faut cesser de considérer les violences conjugales comme des affaires privées ! C'est un phénomène global et mondial, systémique, qui touche et qui tue les femmes.

---

1. AFP, « Féminicides : "Chaque année, l'équivalent de la tuerie du 13-Novembre" (mère d'une victime) », *Challenges*, 26 novembre 2018.

IDÉE REÇUE N° 3

« Si elle reste avec lui, c'est qu'elle aime ça »

Je suis écœurée d'avoir entendu pendant des années des observateurs dire : « Si elle reste avec lui, c'est qu'elle doit aimer ça. » Ou : « Madame, il fallait partir », comme le relate dans son livre éponyme la magistrate Céline Marcovici[1]*. Manière de se donner bonne conscience face à un dossier compliqué, bonne excuse pour fermer les yeux sur une situation que l'on ne veut pas voir, incapacité intellectuelle à comprendre la complexité de l'âme humaine et des fonctionnements des couples ?*

Cette réplique paresseuse évite le cœur même du sujet. Il ne suffit pas de quitter un homme violent, parce qu'il ne suffit tout simplement pas d'être en couple officiel pour vivre des violences conjugales ! Les chiffres des études du ministère de l'Intérieur sur les morts violentes au sein du couple démontrent à quel point des formes différentes de couples existent. Lorsque l'expression « violences conjugales » est apparue, elle concernait les couples mariés. Dans un monde en mutation, la notion de couple a pu s'élargir. La définition officielle

1. Céline Marcovici, *Madame, il fallait partir. Comment la justice achève les femmes victimes de violences*, Jean-Claude Lattès, 2020.

de l'Insee manque de romantisme : « Le couple au sein d'un ménage correspond à un ensemble formé de deux personnes de 14 ans ou plus, qui partagent la même résidence principale et qui répondent à au moins l'un des critères suivants : elles déclarent toutes les deux vivre en couple ou être mariées, pacsées ou en union libre. » Le couple peut aujourd'hui aussi être formé de personnes ne vivant pas ensemble, et les violences englobent aussi les ex-partenaires, voire les couples dits « illégitimes » (les amants et les maîtresses) ou non définis, dans un entre-deux.

Toujours est-il que la notion de couple sous-tend une relation affective ou amoureuse, avec la notion de codépendance propre aux relations amoureuses : elle peut être sexuelle, psychologique, matérielle. Des femmes ne partent pas, non parce qu'elles aiment être frappées, mais parce qu'elles aiment encore l'homme qui les frappe. Cela arrive. Les voies de l'amour sont impénétrables. Si l'on pouvait décider de ne plus être amoureux d'une personne dès que cette personne nous fait du mal, la vie serait plus simple pour tout le monde. En outre, bien souvent, les violences physiques surviennent en lien avec des violences psychologiques fortes, dans une atmosphère d'emprise ou d'isolement. Dénigrer l'entourage, traquer les déplacements et les horaires sont des actes fréquents chez les hommes violents. Le chantage de toute nature (« Tu ne reverras plus tes enfants », « Je vais dire à ta mère que tu es une salope », « Je vais me foutre en l'air », « Je jetterai le chat par la fenêtre ») est aussi fréquent. La peur pour soi comme pour ses enfants empêche souvent de partir. Le « syndrome de la sauveuse », éprouvé par certaines femmes persuadées qu'elles aideront le pauvre homme à s'en sortir si elles restent auprès de lui, cause aussi beaucoup de dégâts. Également appelé « syndrome de l'infirmière », il amène ces femmes à s'attacher à l'homme violent pour essayer de l'aider, étant à la fois victime et psy de substitution.

En outre, la dépendance financière – les hommes violents savent couper les vivres, contrôler les ressources ou exiger une visibilité totale sur les comptes bancaires – brime toute velléité de départ, sans parler du fait qu'une femme qui a été violentée n'a souvent nulle part où aller tant elle n'ose pas expliquer de quoi il retourne.

La question du nombre de places d'hébergement est un sujet réel, même si nous en avons créé de nombreuses lors du quinquennat précédent, et même si j'ai mené un travail de géolocalisation à destination des élus et professionnels chargés de la première prise en charge, afin qu'ils le connaissent précisément. « Il n'est pas rare que nous n'ayons absolument aucune place disponible, cela brise le cœur, mais parfois c'est ainsi », explique Assia Benziane, adjointe au maire chargée des droits des femmes dans le Val-de-Marne. Au-delà du nombre de places – un réel problème, donc –, la qualité et la localisation de celles-ci restent problématiques. Jamais une femme vivant dans les beaux quartiers avec un confort matériel certain ne quittera son domicile chauffé et décoré avec goût pour rejoindre un dortoir de centre d'hébergement. Il y a trop à perdre. C'est sûrement un sujet tabou, mais c'est une réalité.

Aucune femme saine d'esprit n'apprécie d'être frappée ou de voir ses enfants menacés sous son propre toit. Cela étant, les experts psychologues et psychiatres démontrent à quel point une personne qui a été maltraitée dans le passé prendra, consciemment ou non, plus aisément le chemin d'une relation dysfonctionnelle que d'une relation respectueuse. Non pas qu'elle « aime » être frappée. Mais il est vrai que, dans la relation de couple, se reproduisent très souvent des schémas que l'on a connus ou que l'on a vécus : les études de victimologie nous montrent que, quand on a été une fois victime de violences conjugales, on l'est parfois encore par la suite, dans d'autres relations de couple, avec d'autres hommes. Si la reproduction des schémas parentaux n'est pas systématique, leur impact ne peut être nié. Dans son article intitulé « Le corps de l'enfant et la violence transgénérationnelle », Christophe Demaegdt analyse les conséquences des violences subies dans l'enfance : « Pour éviter la sidération traumatique, l'enfant victime de violence s'identifie partiellement à l'adulte et prend à son compte la culpabilité non éprouvée par l'agresseur. L'enfant est alors déchiré entre une partie insensible et omnipotente, et une partie destructrice. La bascule de la culpabilité de l'auteur à la victime expliquerait que l'enfant devienne à son tour auteur de violences et répète les comportements auto- et hétéro-agressifs de l'adulte. Les systémiciens ajoutent que ce faisant, l'enfant reste “loyal” au parent maltraitant, car en agissant à l'identique, il ne le désavoue pas[1]. » Quand votre mère n'a pas levé le petit doigt pour vous défendre ou quand votre père vous a frappé enfant, consciemment ou pas, une des manières de réagir est donc de se positionner dans un schéma de « loyauté » vis-à-vis de ses parents violents ou complices. « Comme ceux qui ont l'impression qu'avoir plus de diplômes que leurs parents est une trahison,

1. Christophe Demaegdt, « Le corps de l'enfant et la violence transgénérationnelle », *Champ psy* 2010/1 (n° 57).

je ne pouvais pas m'extraire de la violence alors que ma mère y avait vécu toute sa vie. Non, je n'aimais pas, j'en étais prisonnière », confiait Laure, parisienne et plusieurs fois en couple avec des hommes violents.

« Il faut sept tentatives de départ pour finir par partir », compte Isabelle Rome, ancienne magistrate et ministre de l'Égalité femmes-hommes et de l'Égalité des chances. Les policiers et les gendarmes font quotidiennement face aux femmes qui appellent à l'aide, mais ne souhaitent pas déposer plainte, « qui s'en prennent même à nous quand nous intervenons pour les défendre, et se mettent à défendre l'homme violent ! » lance une policière au ministère de l'Intérieur. Ce sujet, souvent tabou, fut abordé au colloque France-Espagne organisé à Perpignan en 2022. Voici ce qu'en dit le compte rendu : « Les magistrats présents disent leur désarroi face à ces victimes qui ne veulent pas porter plainte ou qui reviennent vers leur agresseur. Laurent Dagues de citer un cas marquant pour lui. "Nos seuls éléments de preuve étaient la déclaration écrite des policiers, où ils disaient avoir vu la victime avec la bouche explosée et les photos de l'appartement dévasté. Et à l'audience, le prévenu contestait les faits de violence. La victime disait que, finalement, il ne s'était rien passé. Et à la fin de l'audience, elle est même allée embrasser le prévenu à travers la vitre. C'est un cas extrême, mais cela peut arriver[1]." »

1. Maïté Torres, « Les Françaises ont 2 fois plus de risques de mourir sous les coups de leur conjoint que les Espagnoles », *Made in Perpignan*, 22 mars 2022.

IDÉE REÇUE N° 4

« Un homme violent avec sa femme peut parfaitement être un bon père pour ses enfants »

Admettons que la violence contre l'épouse ou la compagne soit condamnée, par la justice ou par la société. Cette condamnation en elle-même ne s'avère pas toujours suffisante.

Depuis les années 1980, sous l'influence de la Californie et du Québec, la France a commencé à institutionnaliser le principe de la médiation familiale, jusqu'à la mise en place d'un conseil thématique au tout début des années 2000. La France a développé depuis cette culture de la médiation familiale, présente dans le droit comme dans le suivi psychologique : cela veut dire qu'en France quand il y a un problème dans une famille, le réflexe des accompagnants sociaux sera souvent la médiation. C'est parfois positif – interrogés par la Caisse nationale des allocations familiales en 2012, 73 % des couples ayant participé à une médiation familiale ont affirmé que cela leur avait permis de mieux comprendre leur conjoint[1].

Cependant, il est des cas dans lesquels la médiation familiale m'apparaît comme tout à fait contre-indiquée.

---

1. Marie-Odile Redouin, « Histoire de la médiation familiale en France », intervention lors de la Journée départementale de la médiation familiale organisée par la CAF du Val-de-Marne le 2 avril 2015.

Le principe d'une médiation a été défini dans le Code civil en 2002, en marge des textes sur l'autorité parentale : « La médiation familiale est un processus de construction ou de reconstruction du lien familial, axé sur l'autonomie et la responsabilité des personnes concernées par des situations de rupture ou de séparation, dans lequel un tiers impartial, indépendant, qualifié et sans pouvoir de décision, le médiateur familial, favorise, à travers l'organisation d'entretiens confidentiels, leur communication, la gestion de leur conflit dans le domaine familial entendu dans sa diversité et dans son évolution. » La définition même de la médiation devrait nous inviter à ne jamais l'employer dans des cas de violences dans la famille. On encourage à retisser un lien avec l'agresseur, parfois sans même passer par l'étape de la condamnation en justice. La victime de violences intrafamiliales n'a pas besoin d'un « tiers neutre », elle a besoin qu'on soit de son côté contre la violence.

Pourtant, même face à un problème grave de violence, la première réaction de nombreuses parties prenantes des services publics est le recours à la médiation. Quel message la victime entend-elle ? « Faites un effort, vous avez vos torts. » Ce fut une bataille idéologique incroyable dans le cadre du Grenelle des violences conjugales que de réussir à ajouter dans nos conclusions des termes dressant un mur de sécurité entre les hommes violents et la médiation familiale. Nous avons fini par obtenir gain de cause grâce au travail collectif et pluridisciplinaire mené y compris par des professionnels de la médiation reconnaissant que c'était inopportun. La loi, aujourd'hui, interdit la médiation familiale en cas de violences. Il était temps.

Cela étant, on constate toujours en France que le lien du sang est plus important que tout, c'est d'ailleurs ce qui rend si difficiles les politiques publiques de la famille, qu'il s'agisse du rapprochement familial, dont il était question de le faire reposer sur des tests ADN, ou qu'il s'agisse de questions touchant à l'adoption, notamment pour les couples homoparentaux. En tout cas, cette question du lien du sang est fondamentale. Pendant des années, il était estimé qu'il valait mieux avoir un père violent que pas de père du tout, que l'on pouvait être violent avec sa compagne mais très attentionné et doux avec ses enfants. Je pense, au contraire, qu'il y a un lien de corrélation très fort entre toutes les formes de violences. L'automobiliste qui met un coup de tête, le client qui insulte la caissière ou le guichetier de La Poste, par exemple, rentrent ensuite chez eux, avec de fortes probabilités d'être aussi violents.

Lors du lancement du Grenelle des violences conjugales, le Premier ministre Édouard Philippe a dit en conférence de presse et à la télévision : « Un homme violent n'est jamais un bon père. » J'ai éprouvé tellement de gratitude à son égard pour avoir prononcé ces mots en public ! Je pense que beaucoup de personnes avaient besoin de les entendre. Mais je me suis aussi dit : nous sommes en 2019 et c'est la toute première fois dans notre pays, dans le pays des droits humains, qu'un Premier ministre s'exprime publiquement pour dire que, non, un homme violent n'est pas un bon père ; c'est une avancée d'importance, pour les enfants qui sont témoins de violences conjugales aussi.

Édouard Durand, éminent juge des enfants à Bobigny et expert de la question des violences intrafamiliales, a œuvré dans le cadre du Grenelle des violences conjugales pour faire avancer la loi et retirer l'autorité parentale aux pères violents. C'est une avancée que je suis fière d'avoir obtenue auprès du Premier ministre.

Fort de son expérience, Édouard Durand analyse : « On a tendance à séparer ce qui se passe dans le conjugal et dans le parental. Comme si la violence dans le couple n'avait pas d'incidence sur la famille, ce qui est irréaliste [...]. J'ai vu des situations où même l'Aide sociale à l'enfance demandait son maintien. L'autorité parentale est définie par l'article 371-1 du Code civil, comme "un ensemble de droits et de devoirs ayant pour finalité l'intérêt de l'enfant". Le problème, c'est qu'on entend : "L'autorité est un ensemble de droits ayant pour finalité la reconnaissance du parent dans son statut de parent." On a une conception patrimoniale de l'autorité parentale, de sorte qu'avec l'expérience, on s'aperçoit que, pour les magistrats, mais aussi pour la société dans son ensemble, on peut penser qu'on peut tout enlever à un être humain, on peut même lui enlever la liberté, mais on ne peut pas lui retirer l'autorité parentale. » Et de conclure : « Un mari violent est un père dangereux[1]. »

1. Magali Cartigny, « Édouard Durand, juge des enfants à Bobigny : "Un mari violent est un père dangereux" », *Le Parisien*, 23 novembre 2019.

IDÉE REÇUE N° 5

« Personne ne savait » (ou le mythe de la libération de la parole)

L'expression « libération de la parole » m'insupporte. Les femmes parlent depuis des générations des violences qu'elles subissent, ce n'est pas la parole qu'il faudrait libérer, c'est l'écoute !

Je l'ai dit depuis des années, et plus encore avec le mouvement #MeToo. Le mythe de la « parole libérée » me semble pernicieux, car il fait peser sur la femme et sur elle seule la responsabilité de l'arrêt des violences dans son couple. Pourtant, il y a pléthore de situations pour lesquelles les femmes n'ont pas besoin de faire une annonce pour que l'on comprenne leur situation ! De « Tu as l'air fatiguée » à « Tu as grossi », mille petites phrases viennent ponctuer la vie des femmes et s'enquérir de leur état physique. Une femme enceinte n'a pas forcément besoin de verbaliser sa grossesse : comportement, arrêt d'alcool, nausées peuvent attirer l'attention dès les premiers mois. Et si l'on mettait autant d'intérêt à repérer les « signaux faibles » des violences dans le couple ?

La dépression, les pleurs sans raison apparente, l'indisponibilité à l'égard de ses amis, le désengagement dans son travail, le stress permanent, le fait de sursauter au moindre bruit, la peur qu'il découvre la moindre activité anodine, un regard fuyant sont parmi quelques-uns des signes les plus évidents. Sans parler bien sûr des témoins directs de ces violences. Avec des casques de réalité virtuelle, pour faire vivre les violences dans le couple, l'École nationale de la magistrature a choisi d'illustrer une scène de repas avec des amis, de malaise palpable et de tensions criantes autour d'un homme qui refuse la moindre liberté à sa compagne. L'idée reçue abordée plus tôt, selon laquelle les violences dans le couple seraient une affaire de famille, fait des dégâts considérables. Si bien que, par exemple, 20 % des signalements émis *via* la plateforme gouvernementale « Arrêtons les violences[1] » sont faits par des mineurs. Des policiers et gendarmes reçoivent des tchats comme « Mon papa est en train de tabasser ma maman dans la cuisine, venez s'il vous plaît ». Et personne n'a rien entendu, ni voisins ni famille ?

Est-ce que vraiment, face aux violences conjugales, on peut dire que personne ne savait ? C'est une question cruciale pour moi. Je me suis souvent demandé : dans mon entourage, est-ce que des gens savaient, est-ce que les gens s'en rendaient compte et est-ce qu'ils faisaient semblant ? Est-ce qu'ils avaient compris ce qui était en train de se passer ? Je trouve que c'est une question essentielle, mais qui amène une réponse très violente. S'ils savaient, pourquoi ont-ils choisi de ne rien faire ? D'abord, beaucoup d'hommes qui sont violents ont un profil de pervers manipulateur ou de pervers narcissique : ils sont donc charmants avec l'entourage de la femme violentée. Ce sont les dernières personnes au monde que l'on va soupçonner d'être violentes. Dans ce cas, il y a une stratégie habile pour persuader que

1. arretonslesviolences.gouv.fr.

la femme victime de violences est à l'origine des problèmes. Donc, dans ces cas-là, oui, parfois l'entourage ne sait pas. Les manipulateurs peuvent tromper jusqu'à la famille proche : regardons le cas d'Alexia Fouillot. Après l'avoir tuée, Jonathann Daval arrive encore à tromper ses parents pendant trois mois alors qu'il vit chez eux, en se faisant passer pour un mari éploré, alors qu'il a étranglé son épouse et l'a déposée dans la forêt avant de mettre le feu à son corps ! Ces hommes utilisent des techniques de manipulation féroces pour se faire plaindre. C'est ce que décrypte Marie-France Hirigoyen dans *Femmes sous emprise* : « La manipulation est un procédé pervers : on ne peut pas dire qu'il y a un portrait type des manipulateurs, mais il y a des traits de caractère communs à toutes ces personnes qui peuvent se transformer en "gourous[1]". » Ce sont souvent des personnes qui ont besoin de dominer, d'avoir une cour avec des sujets qui font ce qu'ils entendent. Elles ont une image d'elles-mêmes grandiose, les autres ne sont pour elles que des pions utiles quand elles en ont besoin, et qu'elles peuvent détruire quand elles n'en ont plus l'usage. Ces hommes n'éprouvent aucune culpabilité. Ils sont en revanche très habiles pour la susciter. Très intelligents et hyper-adaptés à la société, ils savent être très efficaces, séducteurs, professionnels si l'on peut dire ; ils ont une très bonne image à l'extérieur. Autrement dit, quand on les voit, on se dit : « Il ne peut pas me vouloir de mal. » Et même : « Quelle chance j'ai qu'il m'ait choisi. » Pour parler un peu psy, je dirais que les manipulateurs sont souvent des pervers narcissiques ou des paranoïaques (mais

1. Marie-France Hirigoyen, *Femmes sous emprise. Les ressorts de la violence dans le couple*, Oh ! éditions, 2005.

pas au sens pathologique du terme, c'est un trait de caractère).

En revanche, parfois, oui, les gens savent. Mais cela ne les intéresse tout simplement pas. L'affaire Valérie Bacot en est un exemple flagrant, elle a d'ailleurs intitulé son livre de témoignage *Tout le monde savait*[1]. Valérie Bacot a été violée par son beau-père et, alors qu'il avait été condamné par la justice, sa mère l'obligeait à continuer à le voir. Les violences physiques, sexuelles et psychologiques se sont aggravées, il a eu plusieurs enfants avec elle et l'emprise était telle qu'ils se sont même mariés. Entre une condamnation en justice et ces faits, nul ne peut dire qu'il a découvert plus tard l'ampleur des violences… Il a ensuite prostitué Valérie pendant des années selon des mécanismes pervers, et menacé de reproduire les faits avec sa fille. Valérie Bacot l'a tué. À aucun moment, Valérie Bacot ne s'est tue, ni à l'égard de sa famille, ni à l'égard de l'institution judiciaire ou des accompagnants sociaux. Seulement, personne ne l'a suffisamment entendue ou écoutée pour réagir.

Ce n'est pas la parole qu'il faut libérer : c'est l'écoute.

1. Valérie Bacot, *Tout le monde savait*, Fayard, 2021.

IDÉE REÇUE N° 6

« Le mot “féminicide” est un néologisme »

Il y a encore à peine dix ans, le terme de « féminicide » n'était pas utilisé en France. On ne trouve aucune trace d'expression publique ou d'article grand public reprenant ce terme à cette époque.

Le mot « féminicide » existait en matière d'analyse internationale pour désigner l'action de tuer massivement des filles ou des femmes parce qu'elles sont des filles ou des femmes : il était donc utilisé pour désigner les assassinats de bébés filles en Inde ou les kidnappings suivis d'assassinats de rue de femmes au Mexique, par exemple. En France, certains mouvements féministes militaient pour son utilisation, tandis que d'autres s'y opposaient, estimant que le « meurtre par conjoint », appellation officielle du Code pénal, suffisait. J'ai été la première membre de gouvernement à utiliser le mot « féminicide » et à l'imposer, à force de le placer comme un terme du langage courant dans des interviews et des prises de position : cité 246 fois seulement dans toute la presse française en 2015, il l'a été 14 514 fois en 2019, année du Grenelle des violences conjugales, selon l'étude Tagaday ! Pourquoi cet essor ?

Un rapport des Nations unies sur l'usage du mot « féminicide » dans le monde revient sur son histoire.

Il rappelle que ce terme se fonde sur les violences de genre (*gender based violences*, selon le vocabulaire de diplomatie). L'histoire remonte aux années 1970, période à laquelle sont mises au jour les morts violentes de femmes tuées parce qu'elles sont des femmes, par des hommes. En conséquence, le mot « fémicide » fut pour la première fois écrit en 1992 et défini comme le « meurtre misogyne d'une femme par un homme motivé par la haine, le plaisir, ou le sentiment de propriété vis-à-vis de la femme, enraciné dans une histoire de l'inégalité du pouvoir dans les relations entre hommes et femmes ». Le rapport de l'ONU rappelle l'historique du terme employé essentiellement en Amérique latine, et évoque la reconnaissance du mot dans ce contexte géographique ces dernières années, ainsi que son utilisation, dans les années 2000, par le secrétaire général des Nations unies, évoquant alors le « meurtre de femmes parce qu'elles sont des femmes ». Quelques années plus tard, le mot a gagné une syllabe dans les pays européens et s'est mué en « féminicide ». Il reste alors utilisé dans les cénacles de diplomates.

En 2016, le terme n'était toujours pas utilisé en France, y compris dans des publications sérieuses et spécialisées : « L'homicide conjugal est un homicide intrafamilial commis sur un partenaire ou ex-partenaire de vie intime (mariage, concubinage, Pacs ou simple relation amoureuse). L'expression de "crime passionnel" est fréquemment utilisée en France de manière un peu réductrice pour désigner l'homicide conjugal. Il existe également dans la littérature des termes plus spécifiques tels que l'"uxoricide" qui désigne l'homicide de la conjointe et le "maricide" qui désigne l'homicide du conjoint », lit-on ainsi dans le livre *Le Corps en lambeaux*, consacré aux violences subies par les femmes[1].

En 2017, nommée ministre, j'appelle à une mobilisation contre les féminicides dans de nombreux discours, après avoir employé le mot au cours de meetings de campagne pour la présidentielle d'Emmanuel Macon. C'est en 2018, à force de l'imposer et d'être reprise par les journalistes, que le mot a émergé davantage. « Le terme, de plus en plus employé dans les médias, a pourtant du mal à s'imposer dans l'espace public, où il est encore souvent accueilli avec indifférence, scepticisme, voire avec agacement. Pourquoi tant de défiance vis-à-vis de ce mot récent qui désigne un acte criminel commis depuis des siècles[2] ? » demande alors la journaliste Fiona Schmidt dans le *Huffington Post*. Pourtant, le mot reste encore un vocable de spécialiste et ce, bien qu'Emmanuel Macron soit le premier président de la République française à le prononcer à la tribune de l'ONU. Il fait néanmoins toujours débat[3].

Deux moments ont permis de le remettre en lumière : le meurtre d'Alexia Fouillot, puis le lancement du Grenelle des violences conjugales, où ministres, campagnes officielles et médias ont repris le mot. « Dans la presse, c'est au tournant de l'année 2018-2019 que le mot a pris de l'ampleur dans l'espace médiatique français. Une rapide étude des occurrences du mot "féminicide" dans la base de données Europresse prouve l'utilisation exponentielle du terme en presse écrite, qui passe en 2017 de

1. Lydie Bodiou *et al.*, *Le Corps en lambeaux. Violences sexuelles et sexuées faites aux femmes*, Presses universitaires de Rennes, 2016.

2. Fiona Schmidt, « Pourquoi on a encore tant de mal avec le mot "féminicide" », *Huffington Post*, 5 septembre 2019.

3. Charlotte Causit et Noémie Leclercq, « Pourquoi le mot "féminicide" fait-il toujours débat ? », France Info, 3 septembre 2019.

quelque 180 occurrences à plus de 400 en 2018, pour en arriver à presque 5 000 en 2019[1] », analyse en 2020 la doctorante en sciences politiques Margot Giacinti.

Au moment du meurtre d'Alexia Fouillot, quand j'ai parlé de féminicide, la plupart des éditorialistes et des responsables politiques me sont tombés dessus. Même certaines des plus féministes d'entre elles ou d'anciennes ministres ayant occupé ce poste avant moi, qui aujourd'hui utilisent ce mot, ont à l'époque protesté pour dire qu'il était inadapté. Mais les réactions les plus hostiles sont venues de l'extrême droite et de la droite traditionnelle[2], voire de juristes (de droite comme de gauche) redoutant que l'étape suivante ne soit l'entrée du féminicide comme « crime d'exception » dans le Code pénal, et s'y opposant.

Pourtant, en 2019, la procureure d'Auch, Charlotte Beluet, chargée de répondre à la presse pour décrire les faits, parle officiellement d'un « probable féminicide suivi d'un suicide ». Une déclaration courageuse et, surtout, comme le note le quotidien *Le Monde*, « rarissime : c'est l'une des premières fois qu'un magistrat utilise publiquement ce terme, alors que, depuis le début de l'année, le collectif Féminicides par compagnons ou ex recense 94 actes. Jusque-là, les magistrats restent très prudents avec ce terme qui, à ce jour, ne figure pas dans le Code pénal[3]. »

1. Margot Giacinti, *Parler de féminicide pour mieux lutter contre les violences sexistes et sexuelles*, Fondation Jean-Jaurès, 20 novembre 2020.

2. « Le féminicide, ce mot qui ne veut rien dire », lesantigones.fr, 25 novembre 2016 ; Cécile Bertrand, « Faut-il genrer le meurtre ? "Féminicide", un néologisme qui fâche », *Le* Figaro, 23 août 2019 ; Rédaction, « Faut-il légitimer le concept de féminicide ? », frontpopulaire.fr, 4 août 2021.

3. Yann Bouchez et Lorraine de Foucher, « "Féminicide", ce terme qui embarrasse la magistrature », *Le Monde*, 23 août 2019.

En 2020, c'est l'avènement du mot : « Élu mot de l'année en 2019 par le dictionnaire Le Petit Robert, le terme "féminicide" semble désormais durablement inscrit dans le paysage français et international, et se trouve utilisé dans des domaines aussi différents que le champ politique, les médias, ou encore la sphère du droit. On a pu ainsi l'entendre en 2018 lors de l'allocution du président de la République Emmanuel Macron à la 73ᵉ Assemblée générale des Nations unies et, plus récemment et de façon répétée, par son gouvernement, notamment *via* les interventions de Marlène Schiappa, alors secrétaire d'État chargée de l'Égalité entre les femmes et les hommes et de la lutte contre les discriminations, lors du Grenelle des violences conjugales de l'automne 2019[1]. »

Contre ceux qui nient la réalité systémique des violences contre les femmes, contre certains juristes et même contre certains féministes, grâce aux mouvements de protection des femmes qui ont martelé le mot, grâce aux associations féministes qui n'ont rien lâché pour l'imposer, avec l'aide du président Emmanuel Macron et du Premier ministre Édouard Philippe, qui ont toujours écouté mes propositions d'expressions et qui ont donné un écho inespéré au terme, le mot s'est enfin imposé dans le débat public. Aussi quelle ne fut pas ma surprise d'entendre Éric Zemmour, pourfendeur et moqueur du terme, finir par clamer sur BFMTV, en marge du meurtre atroce de la petite Lola, vouloir prendre exemple sur la « construction du terme féminicide dans le débat public » et créer le « francocide ». Mais peut-être est-ce le drame d'une idée popularisée ?

1. Margot Giacinti, *op. cit.*

IDÉE REÇUE N° 7

« Les femmes victimes de féminicide meurent sous les coups de leur conjoint »

Une phrase courante dit et répète que « les femmes meurent sous les coups de leur conjoint ». C'est par cette assertion un brin générique que l'on désigne l'ensemble des féminicides. C'est évidemment une erreur ou un abus de langage, puisque le premier mode opératoire du féminicide, année après année, sans discontinuer, c'est toujours l'arme à feu. Le deuxième, c'est toujours l'arme blanche.

En outre, il y a une égale répartition en proportion entre les femmes mortes sous les coups de leur conjoint, les femmes défenestrées, les femmes brûlées vives, mais également les femmes poussées au suicide. En 2019, le mode opératoire principal est l'arme à feu (36 % des faits), suivi par l'arme blanche (24 % des faits). En 2020, l'arme blanche représente 35 % des faits et l'arme à feu 32 % des féminicides.

C'est pourquoi lutter contre la possession d'armes à feu par des hommes violents est une nécessité. Retirer l'arme, c'est retirer un mode opératoire possible et même fréquent. Le Grenelle des violences conjugales a permis de faire entrer dans la loi la saisie des armes dès la plainte, et avec le ministre de l'Intérieur, Gérald Darmanin, nous l'avons généralisée. C'est absolument fondamental.

Bien sûr, chaque mode opératoire renseigne sur la nature des violences et sur l'intention de donner la mort : par exemple, étrangler une femme qui vous dit des choses que vous n'avez pas envie d'entendre. Que disait Alexia à Jonathann dans la salle de bains pour qu'il lui serre le cou pendant trois cents secondes ? L'équivalent de deux chansons... d'une cuisson de pâtes... de deux questions au gouvernement... C'est long, cinq minutes passées à étrangler la femme avec qui l'on partage sa vie. Un mode opératoire pourtant tristement fréquent, de Peggy Meunier, étranglée en 2012 après avoir quitté son mari et lui avoir dit qu'elle ne reviendrait plus jamais, à l'affaire dite Calmé : « Elle a continué à m'insulter, je suis tombé le genou sur elle, puis j'ai serré fort au cou pour qu'elle se taise, j'étais vraiment en colère[1] », dit à la barre Jean-Claude Calmé, qui a tué sa femme en la rouant de coups et par strangulation. L'arme blanche, quant à elle, symbolise l'agressivité, la volonté de faire mal, et peut-être aussi la pénétration.

« La violence, notamment par arme blanche, est souvent l'expression de la frustration ou de la vengeance immédiate. Pour les auteurs, lorsqu'ils s'en expliquent, il s'agit d'une réaction dont ils n'avaient pas envisagé les conséquences [...]. L'arme blanche est l'arme naturelle de protection des individus et le surinage, le fait de donner des coups de couteau, est l'élément qui a permis l'affirmation des bandes de jeunes depuis que le couteau existe. La possession d'un couteau, quel qu'il soit, un petit Opinel, un Nontron ou un Laguiole, est un élément d'affirmation

1. Yann Saint-Sernin, « J'étais en colère. J'ai serré fort pour qu'elle se taise », *Sud-Ouest*, 17 novembre 2010.

Modes opératoires les plus utilisés par les personnes commettant des meurtres et des assassinats au sein des couples en France en 2021, selon le sexe (en nombre d'homicides)

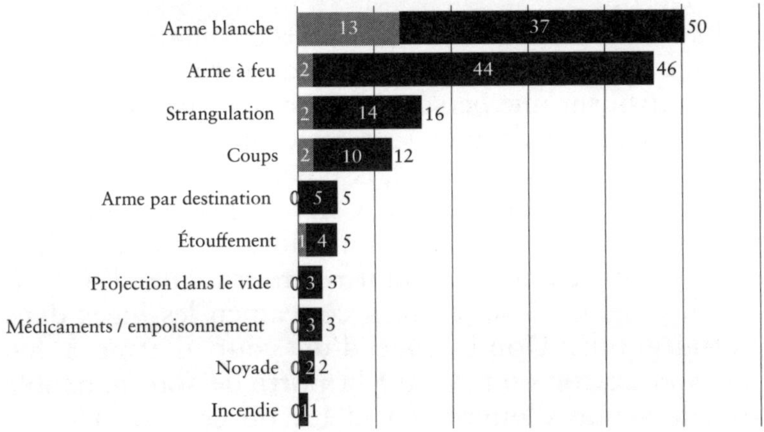

L'arme blanche et l'arme à feu, les moyens les plus utilisés en cas d'homicide volontaire. Concernant l'arme blanche, le nombre de victimes constaté par l'institut médico-légal de Paris est passé de 85 en 1994 à 17 en 2013.

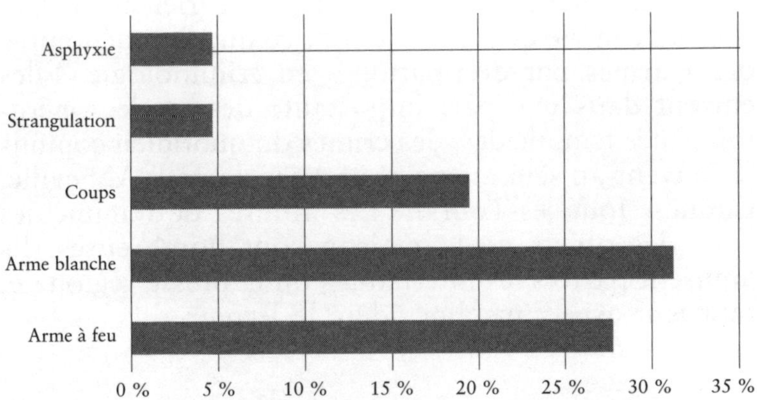

Source : Institut médico-légal de Paris.

à la fois de son existence, de son identité ou de sa virilité[1] », explique ainsi le criminologue Alain Bauer au *Figaro*.

Faut-il chercher un signifiant psychanalytique à l'usage d'une arme à feu ? Pourquoi tirer au pistolet ou au fusil sur une personne sinon pour la tuer ? Arme de chasse, arme de guerre, le geste en fait une proie ou une ennemie à abattre et laisse peu de doutes sur l'intention de donner la mort. C'est en fait assez proche des modes opératoires des homicides de manière générale, si l'on en croit les chiffres fournis par l'Institut médico-légal. C'est ce qui a convaincu les juges dans l'affaire Julie Douib, tuée d'un coup d'arme à feu par son ex-conjoint devant la porte de son immeuble qu'elle venait d'ouvrir, en 2019, ou ceux de Pleucadeuc, après que Gisèle Gicquel a été tuée en 2017, par le mari qu'elle avait quitté, à bout portant, par quatre coups de fusil de chasse.

Une casserole. Un marteau. Un fer à repasser. Un meuble. Une batte de baseball comme dans le meurtre de Magali Blandin par son mari, en février 2021. Ces objets de la vie quotidienne sont ce que l'on dénomme des « armes par destination » en criminologie. Elles entrent dans une part importante des modes opératoires des féminicides, des crimes du quotidien commis si souvent au sein même des foyers. Limeil, Abbeville, Cannes, Joué-lès-Tours... Les affaires de féminicides avec des objets de la maison sont nombreuses. Ils amusent parfois les internautes ou la presse régionale, tant leur aspect insolite sidère le lecteur.

1. Eugénie Boilait, « Attaques au couteau : “Le nombre d'homicides et de tentatives a atteint un sommet depuis trois ans” », *Le Figaro*, 21 juillet 2022.

Les défenestrations, les immolations par le feu ou les noyades montrent parfois une volonté de maquiller le meurtre en suicide, comme dans le meurtre d'Aline Sepret (2018), que l'on a appelée « la danseuse », ou celui de Jessica Astorga (2018), poussée par la fenêtre par son compagnon, qui a déclaré un suicide avant de finir par tout avouer. Quant aux coups, ils disent l'acharnement avec lequel il a fallu s'y prendre pour en arriver à tuer. La cruauté des modes opératoires ne laisse parfois pas de place au doute, comme à Landifay, où un homme a roué sa compagne de coups avant de la traîner sur le bitume[1].

Sous les coups ou par balles, après un complot ou sous le coup d'une pulsion morbide, aucun féminicide n'est anodin ou acceptable.

1. « Il roue sa compagne de coups et la traîne sur le bitume à Landifay-et-Bertaignemont », *Le Courrier picard*, 30 mars 2022.

IDÉE REÇUE N° 8

« L'emprise dans le couple n'existe pas, c'est toujours de l'amour »

« Comment ça, sous emprise ? Mais cela n'existe pas, être sous emprise. Nous sommes tous sous emprise quand nous sommes amoureux ! » lance un éminent juriste. « Le concept de pervers manipulateur narcissique est monté en épingle par les magazines féminins, il y a toujours eu des hommes et des femmes qui se comportent mal dans leur couple », affirme une psychiatre. Après tout, la question peut se poser légitimement.

Quand on aime quelqu'un, ne cherche-t-on pas à lui plaire ? N'adopte-t-on pas, dans la phase de séduction, certains de ses goûts ou même de ses pensées ? Ne règle-t-on pas son emploi du temps en fonction de l'autre, pour le voir et pour lui faire plaisir ? Dès lors, à partir de quand l'emprise commence-t-elle ?

Pour distinguer le sentiment amoureux de l'emprise, il nous faut définir le sentiment amoureux et définir l'emprise. Défi éminemment complexe, tant la vie m'a appris que l'idée que l'on se fait de l'amour à 15 ans n'est plus la même à trente-cinq. Et je ne me risquerai pas à en donner ici ma définition personnelle, je crains trop de me relire dans dix ans en soupirant : « Ah ! j'étais mignonne quand j'avais 40 ans… » En outre, je n'ai pas vocation à imposer ma définition du sentiment amoureux et, étant, au moment où j'écris ces lignes, membre du gouvernement, une telle tentative s'approcherait trop d'une forme de totalitarisme visant à imposer une définition de ce que chacun a de plus personnel, intime et précieux : ses sentiments. Si ce n'est pas ma définition, il me faut donc en trouver une universellement acceptée.

Il est extrêmement délicat de mettre des mots sur l'amour. Les dramaturges, les philosophes, les cinéastes, les paroliers et les romanciers essaient de le définir, de l'illustrer ou de l'incarner depuis des siècles. Est-ce l'amour qui vous fait vous opposer à vos familles et finir par boire une potion, comme le raconte William Shakespeare dans *Roméo et Juliette* ? Est-ce l'amour qui brouille votre vision et vous aveugle jusqu'à ne voir que les qualités de l'être aimé, comme l'explique Roland Barthes à l'occasion d'un de ses *Fragments du discours amoureux* ? Faut-il vivre une scène de baisers sous la pluie comme dans toute bonne comédie romantique, ou être dégagé des représentations fictives pour se concentrer sur le réel ? Un rapport sexuel génère-t-il assez d'endorphines et d'ocytocines pour créer un lien d'attachement avec un partenaire et considérer qu'on est « en couple » avec lui ? Dans quelles cases ranger l'amitié amoureuse, les plans cul, les retours de flamme, les amours à distance ? Du mariage arrangé de nos arrière-grands-parents, qui durait une vie entière, à la rencontre Tinder programmée par un algorithme, qui peut valider la vie amoureuse de qui ? L'analyse sémiologique de la correspondance d'Albert Camus et de Maria Casarès fascine les amoureux des lettres, quand le fait de vider le lave-vaisselle serait pour d'autres la preuve ultime de l'amour. Quelle place pour l'exclusivité ? Quelle définition de la fidélité ? Quel engagement, quel projet de vie commune ? Je ne juge ni les uns ni les autres et, au fond, je ne cherche même pas de réponse universelle à ces questions.

Chacun serait bien en peine de définir exactement la manifestation de l'amour et les conséquences que cela implique. Puisqu'il semble aussi difficile de dire ce qui fait partie ou ne fait pas partie du sentiment amoureux, comment distinguer l'emprise de l'amour ? C'est une question que je me suis souvent posée. Lors du Grenelle des violences conjugales, nous avons planché sur cette définition, présentée alors comme un enfermement à ciel ouvert et une manière pour un des partenaires de prendre possession de l'autre.

Il ne s'agit pas simplement de partenaires infidèles, qui oublient votre anniversaire de mariage, n'aiment pas l'une de vos copines ou vous quittent par SMS. On peut, bien sûr, débattre du bien-fondé de tout cela. Mais c'est ainsi, la goujaterie n'est pas punie par la loi, pas plus que l'infidélité, et c'est heureux : j'ai lu des prises de position demandant que tromper sa petite amie soit considéré comme une violence psychologique. Cela n'est jamais plaisant, mais il me semble souhaitable de ne pas légiférer en fonction de ce qui est désagréable ou fait de la peine. Les féministes se sont battues pendant des générations pour que l'on sorte le divorce pour faute et l'infidélité du Code civil, ce n'est pas pour les y faire rentrer par la fenêtre ! On ne peut pas se battre pour la liberté sexuelle des femmes et entendre sanctionner celle des hommes. D'ailleurs, il faudrait construire de nombreuses places de prison, si la goujaterie et l'infidélité étaient punies par la loi... Cela dit, la violence psychologique doit être définie, car elle existe bel et bien.

« [L'étude] clinique de la violence intrafamiliale montre de grandes similitudes entre celles subies par les femmes et celles subies par les enfants : les formes de violence, leurs conséquences sur la santé des victimes, mais aussi les phénomènes d'emprise avec répétition au long cours de la maltraitance, soumission et attachement pathologique à l'auteur de ces actes[1] », explique Liliane Daligan dans une publication démontrant l'infantilisation des femmes victimes de violences conjugales. « La pulsion d'emprise, même si elle passe spectaculairement par la chair, comme par l'agression sexuelle ou les injures ou les coups, est une force qui vise à séparer la tête du corps de la victime. Le corps, souvent, devient inerte, inhibé et peu sensoriel alors que la tête occupe toute la place par son hyperactivité de pensée. Elle va être emplie par les injections de langage d'autrui, le "bourrage de crâne", les attitudes de l'auteur présentes ou remémorées, les actions répétées qui rendent difficile toute génération personnelle et originale de pensées au profit d'un ressassement d'idées toujours identiques. »

Cette analyse recoupe les témoignages de femmes victimes de violences conjugales que nous avons suivies dans *Femmes battues, l'enfer au cœur des foyer*s, documentaire diffusé sur la chaîne C8 le 25 novembre 2022[2]. Une de ces femmes dit : « J'ai l'impression d'entendre la voix de mon ex dans ma tête. » L'emprise lui permet de la contrôler même hors de sa présence ! « Assouvir la

1. Liliane Daligan, « Emprise dans les violences conjugales et la maltraitance infantile », *Journal du droit de la santé et de l'Assurance-Maladie (JDSAM)*, 2021/3 (n° 30).

2. *Femmes battues, l'enfer au cœur des foyer*, documentaire de Jean-Michel Gomez, 2022.

pulsion d'emprise, c'est se rendre maître de l'autre par occupation du terrain d'exercice de l'appareil psychique de la victime. Plus encore, c'est mettre sa pulsion à l'œuvre chez l'autre comme par une contamination de type viral qui trouve un terrain propice à son développement[1] », démontre encore Liliane Daligan.

L'avocate Yael Mellul a grandement contribué au volet « justice » du Grenelle des violences conjugales, et a permis l'inscription dans la loi de la notion de « suicide forcé », en binôme avec Hélène Furnon-Petrescu, cheffe du service des droits des femmes et de l'égalité de la direction générale de la Cohésion sociale. Yael Mellul a publié un ouvrage sur l'emprise. Voici comment elle décrit ce phénomène : « Par des micro-violences, mensonges, sarcasmes, mépris, humiliations, dénigrements, insultes, isolement, état de dépendance financière, harcèlement, menaces, le libre arbitre de la victime et son regard critique sur la situation vont progressivement être altérés. Ce processus d'emprise entraîne chez la victime une altération de ses capacités de jugement, qui la conduit à accepter l'inacceptable, à tolérer l'intolérable. La victime se trouve alors dans l'impossibilité de nommer ce qu'elle vit, ce qu'elle peut tolérer ou pas. Les conséquences traumatiques sont considérables : s'opère une véritable rupture identitaire[2]. » Depuis le Grenelle des violences conjugales, l'article 222-33-2-1 du Code pénal crée même une sanction supplémentaire pour le cas où les violences conjugales ont mené la victime à se suicider ou à tenter de le faire.

---

1. Lilian Daligan, *op. cit.*

2. Yael Mellu, avec Laurence Caracalla, *Mon Combat contre l'emprise et le suicide forcé*, Michel Lafon, 2021.

Car le partenaire violent n'est, souvent, pas que violent. Ou pas toujours. Du moins, pas au début. Pour que l'emprise se mette en place, il applique généralement un cycle de comportements répétitifs. D'abord le schéma de séduction poussé. Il n'est pas juste « intéressé », il est passionné, l'autre change sa vie, est merveilleuse, etc. C'est grâce à cette phase de séduction, également appelée « phase de lune de miel » par les experts, que la partenaire s'attache : dans ses yeux, elle devient merveilleuse et unique, l'élue, l'aimée, la choisie. Elle existe. Une fois cette phase achevée, la proie est ferrée par le pêcheur, qui la tient au bout de sa ligne. Ensuite vient le dénigrement : il alterne claque et caresse, bâton et carotte. Si bien que la partenaire est placée dans une position passive d'attente de la carotte après le bâton. La phase des violences arrive, et ensuite, après, rapidement, l'étape des excuses : il est désolé, cela lui a échappé, c'est parce qu'il a eu des problèmes dans son enfance, il a besoin de sa partenaire pour les régler, etc. La partenaire, même si elle a été frappée, s'estime alors importante dans la vie de l'homme violent, voire pense parfois qu'elle peut et doit le sauver de ce schéma répétitif. À la suite de quoi : retour de la lune de miel, compliments et même parfois cadeaux ou voyages, fêtes et déclarations d'amour. Jusqu'à la prochaine phase de violences... C'est pourquoi il est si difficile de permettre à une femme sous emprise de déposer plainte : l'autre fait partie d'elle comme elle fait partie de lui à la suite de ce lavage de cerveau similaire à ce que l'on peut observer, par exemple, dans une secte. Et si l'on attend trop, la phase de lune de miel revient... jusqu'au drame.

IDÉE REÇUE N° 9

« Il n'y a pas de violence dans les couples de même sexe »

Comme nous l'avons vu plus haut, la reconnaissance des violences dans le couple est relativement récente dans le droit, au regard de l'histoire de l'humanité.

Le schéma établi – homme violent, femme victime – laisse très peu de place à la prise en compte des violences dans les couples de même sexe. Peut-on considérer qu'un couple de femmes est forcément un couple exonéré des violences ? Comment aller déposer plainte ou appeler à l'aide lorsqu'on est un homme et que l'on est violenté par un autre homme ? Cette question se pose toujours. Et si j'ai défendu et défends toujours l'usage du terme « féminicide », il est vrai qu'il peut rendre difficile de conférer une visibilité aux violences dans les couples LGBT+.

Aussi l'association « Flag ! », qui représente et fédère les agents des ministères de l'Intérieur et de la Justice, pompiers, policiers municipaux et ses alliés a-t-elle décidé de se pencher sur le sujet, comme l'explique son président, Johan Cavirot : « Il s'agit d'une imbrication de facteurs, qui permet de faire perdurer un processus d'invisibilisation. Dans un premier temps, il y a la notion de violences intracommunautaires qu'il vaudrait mieux garder sous silence au risque que cette violence soit utilisée à mauvais escient contre la communauté dans l'obtention de droits sociaux et familiaux. Il y a aussi la peur d'être discrédité, d'être confronté à un policier ou gendarme homophobe, ou de ne pas être compris par la société dans l'expérience de victimation qui laisse les victimes dans le silence. Il est encore compliqué aujourd'hui pour une femme d'aller déposer plainte, si on ajoute à cela le frein lié à l'orientation sexuelle et un frein supplémentaire si on est un homme… » L'association a donc recruté un doctorant pour travailler et documenter le sujet des violences dans les couples LGBT+, Émeric Friedmann : « Je suis titulaire d'un master en sciences sociales spécialisé dans le conflit, la criminologie et la médiation. Dans le cadre de ce diplôme, on a eu des cours, des colloques, des enquêtes et des interventions professionnelles autour des violences conjugales. Mon premier constat a été que le problème est traité dans un monde hétéronormatif, laissant de côté d'autres formes de conjugalité. J'ai donc commencé à interroger diverses associations LGBT+ pour savoir s'ils ont déjà été confrontés au phénomène. C'est ainsi que le premier contact avec Flag ! a été établi, et que j'ai eu confirmation de l'existence du phénomène[1]. »

L'étude sur les morts violentes au sein du couple rapporte huit décès au sein des couples de même sexe en 2019. Les différentes études rapportent entre 25 et 40 % de couples de même sexe déjà confrontés à ce type de violences. « Dans une certaine frange associative, longtemps a primé l'idée que parler du sujet des violences dans les couples gays et lesbiens revenait à se tirer une balle dans le pied pour la communauté

1. « Violences conjugales dans les couples LGBT+, Flag ! recrute un doctorant pour travailler ce sujet », flagasso.com, 5 avril 2022.

LGBT – c'est-à-dire donner des arguments aux homophobes. Il faut mettre ça dans le contexte où être LGBT forçait à faire dix fois plus d'efforts que les autres au quotidien et avoir moins de droits malgré tout ; sur le seul fait de son orientation romantique ou sexuel. Il y avait aussi, je le crois, une véritable méconnaissance du phénomène, considéré à tort comme hétéronormatif. Sans doute parce qu'on a véhicule beaucoup d'idées reçues à son propos. Les violences conjugales relèvent d'un schéma de domination et d'appropriation qui peut se retrouver dans tous les couples, et concerner toutes les formes d'amour. De la même manière que la lutte contre l'homophobie occupe l'espace des associations LGBT, la lutte contre les violences au sein des couples gays et lesbiens doit devenir l'une de nos priorités », rapporte Alexandre Dimeck-Ghione, ancien président de centre LGBT. On commence pourtant à en parler, comme le compte Twitter #MeToo Lesbien l'illustre, qui entend les rendre plus visibles. Quelques campagnes de communication portées par des associations LGBT+ et soutenues financièrement ont abordé la question récemment.

Parler des violences dans le couple de même sexe, c'est battre en brèche pléthore de clichés sur les couples homosexuels. Si le Pacs, puis le mariage pour tous et récemment la PMA pour toutes les femmes ont donné un cadre juridique aux couples de même sexe, la société reste marquée par une forme d'homophobie latente. En fonction du milieu géographique et social, il est parfois difficile d'annoncer son homosexualité à ses parents, et l'on entend parfois des choses comme : « Dans un couple lesbien il y a deux femmes, donc la maison doit être très bien rangée et impeccablement nettoyée, les tâches ménagères parfaitement accomplies », ou dire à des couples d'hommes : « Vous êtes deux hommes, donc chez vous, pas besoin d'appeler quelqu'un pour le bricolage ! » Cette rhétorique se fonde sur des clichés et sur des stéréotypes de genre. Et ces stéréotypes de genre induisent une prise en charge qui tâtonne parfois, comme le rapporte Johan Cavirot : « Dans la pratique police/gendarmerie, nous avons eu quelques échos comme quoi nos collègues relevaient régulièrement des violences réciproques ou violences simples sans les caractériser de violences conjugales. Ces violences sont donc minimisées au sens pénal. Cela se ressent aussi dans les arrestations comme le démontre l'étude Hirschell – McCormack en 2021, car dans des couples hétérosexuels la double arrestation a lieu dans 2,9 % des incidents contre 54,8 % dans des incidents impliquant un couple lesbien et 61 % pour les couples d'hommes. »

Quant à comprendre les mécanismes qui mettent au jour les violences dans les couples de même sexe, certains mentionnent des phénomènes similaires aux couples hétérosexuels. Avec d'autres en plus, la peur de l'outing si l'on en parle, la honte décuplée, le manque de soutien des proches… « Les mécanismes restent les mêmes, mais les dynamiques du pouvoir diffèrent. La littérature anglo-saxonne l'illustre par la notion de “stress des minorités”, qui est particulier aux minorités ethniques (racisme, antisémitisme, etc.), sexuelles (homophobie, biphobie), de genre (transphobie, mégenrage, etc.), et qui s'ajoutent aux stress préexistant dans la population générale. Cela va créer de la violence quotidienne pour certains membres de la communauté, à un point tel qu'elle peut être intégrée comme un élément biographique se prolongeant dans la sphère de l'intimité où l'auteur de violences peut chercher à réinstaurer son pouvoir et ses capacités d'agir. Une menace supplémentaire, celle de l'outing, peut peser sur quelques victimes non connues comme LGBT+ au sein de la famille, des amis ou du travail. La menace d'aller révéler cette information dans un environnement peut-être “LGBTphobe” fait peser sur la victime un risque d'isolement supplémentaire en cas de séparation, avec le risque de tout perdre », confirme Johan Cavirot.

La violence dans le couple se met en place sur la base d'un rapport de domination, un rapport de pouvoir de l'un sur l'autre. Le couple LGBT+ n'en est pas exempt. Les exemples récents sont fréquents. J'en donnerai un seul : en octobre 2022, un homme a roulé avec sa voiture sur son conjoint pour tenter de le tuer. La volonté de dissimuler son homosexualité à l'entourage, la haine de soi, la peur du regard des autres viennent compléter les motifs des pulsions de violence. Pour le pire.

IDÉE REÇUE N° 10

« La rupture permet de se protéger des violences conjugales »

L'idée selon laquelle il suffirait de quitter l'homme violent est largement relayée : « Il faudrait partir, madame, le quitter, et vous seriez alors mise à l'abri. » Pourtant, cette idée est absurde.

Si d'évidence ne plus vivre avec un homme violent permet d'être protégée du risque des violences quotidiennes, de nombreuses séparations aggravent la situation. Attention ! ce livre a vocation à relayer des faits, y compris ceux qui nous déplaisent ou desservent nos discours. Je ne dis donc absolument pas aux femmes victimes de violences conjugales de rester avec leur conjoint. Non. Ce que je dis, c'est que la séparation se prépare et s'anticipe. « La séparation est un véritable parcours de la combattante. Logement, garde des enfants, paiement de la pension, procédures judiciaires... Il arrive très fréquemment que les femmes doivent être accompagnées pendant très longtemps pour se reconstruire et pour faire face aux violences postséparation. Le départ du domicile n'est malheureusement pas un point final mis aux difficultés et aux violences », analyse Assia Benziane, adjointe au maire chargée des droits des femmes à Fontenay-sous-Bois.

Les chiffres montrent que le départ n'est pas si immédiat : les femmes victimes de violences dans le couple s'y reprennent à sept fois en moyenne avant de quitter leur conjoint. Par ailleurs, la rupture – comme la grossesse, comme tout changement de vie – peut être l'un des éléments déclencheurs du féminicide. Quand on regarde avec attention le résultat des enquêtes de victimation et quand on assiste à des procès, que l'on voit ce qui s'est passé dans les derniers jours avant les féminicides, on trouve souvent cet élément déclencheur.

C'est d'ailleurs ce que Sandrine Bouchait, la sœur de Ghyslaine, tuée à 34 ans par son conjoint, décrypte dans son livre-témoignage intitulé *Elle le quitte, il la tue*[1]. Ce message fort est diffusé par des groupes de « colleuses » sous l'impulsion de Marguerite Stern ; elles affichent cette phrase dans les rues[2]. Dans l'esprit tordu d'un auteur de violences conjugales, l'autre lui appartient et il préfère la voir morte que libre ou autonome. C'est d'ailleurs pourquoi l'immense majorité des féminicides ont lieu « à domicile », celui du couple ou celui de la femme ; il ne s'empêche pas de faire la démarche d'aller chez elle dans un but funeste. Les exemples sont hélas nombreux, et encore récents : « Loire : un père de famille tue son ex-femme et se rend à la gendarmerie pour avouer son meurtre[3] », « Finistère : son ex-mari lui tire dans la tête[4] » ou

1. Sandrine Bouchait et Claude Mendibil, *Elle le quitte, il la tue*, L'Archipel, 2022.

2. Felicia Sideris, « "Elle le quitte, il la tue" : d'où viennent ces collages contre les féminicides qui se multiplient sur les murs de nos villes ? », tf1info.fr, 6 septembre 2019.

3. *Sud-Ouest*, 11 septembre 2022.

4. elle.fr, sans date.

« Handicapée après que son ex-mari a tenté de la tuer, Lili se bat pour revoir son fils[1] ».

Cela a été le cas pour Julie Douib, tuée par son ex-mari alors qu'elle l'avait déjà quitté après plusieurs plaintes et mains courantes, en vain. C'est aussi ce dont témoignent des responsables du foyer « Une femme, un toit » : le foyer a installé un système de sécurité à l'entrée pour empêcher les ex-conjoints de venir et tenter de tuer leur ex-compagne. Dans le documentaire *Femmes battues, violences au cœur des foyers* que nous avons initié avec le groupe Canal+, une des femmes réussit à filmer son ex-mari alors qu'il tente de mettre le feu à sa maison, quand elle est encore à l'intérieur. Elle l'a pourtant quitté et explique même qu'il vient d'avoir un bébé avec une autre femme.

Au-delà de cela, les études menées par les services du ministère de l'Intérieur sur les morts violentes au sein du couple mettent au jour les mobiles et les circonstances des féminicides. Année après année, la rupture apparaît parmi les trois premiers contextes des féminicides. En 2017, 2019, 2020, les trois premiers motifs étaient la dispute, la séparation, la jalousie, la dispute portant souvent sur une évocation de rupture. 2018 fit exception : les motifs étaient alors la dispute, la séparation, la maladie (nous y reviendrons). En 2020, par exemple, 30 % des faits de féminicide sont précédés d'une dispute (souvent en lien avec une possible séparation), 24 % directement dans le cadre d'une séparation. De même que les déclencheurs de violences conjugales sont souvent de grands changements de vie – grossesse, déménagement, arrivée à la retraite, etc. –, l'annonce

1. *Le Courrier de l'Ouest*, 10 avril 2022.

de la séparation est un élément clé de nombreux féminicides. L'auteur de violences conjugales estime que sa partenaire lui appartient, est une extension de lui, son objet, son jouet. Il préfère la voir morte que partie. La séparation lui apparaît comme un élément nouveau insoutenable.

C'est pourquoi l'on considère qu'une séparation se prépare, tant dans son organisation matérielle que dans son annonce. Puisque l'annonce du départ peut mettre en danger la femme victime de violences conjugales, je ne conseillerai jamais à une femme de rentrer chez elle et d'annoncer de but en blanc qu'elle part, mais plutôt de préparer ses papiers, les passeports, documents bancaires, dossiers des enfants, valise, de partir et de l'annoncer ensuite, accompagnée – jamais seule. Bien sûr, chaque situation est unique et, ce qui compte, c'est d'avoir la vie sauve, notamment dans les moments où l'on sent l'urgence.

IDÉE REÇUE N° 11

« Parfois, quand même, elle cherche »

Nous avons étudié plus haut l'idée reçue selon laquelle certaines femmes « aiment ça », être frappées par leur petit ami ou leur conjoint. Mais une autre idée reçue pernicieuse existe, idée selon laquelle « quand même, parfois, elle abuse ».

Cet argument est répandu dans les prétoires : parfois, on défend un homme violent en expliquant qu'il avait peut-être de bonnes raisons que nous ignorons de frapper sa compagne. C'est le fameux « Unetelle, elle fait des histoires pour rien », le fameux « Unetelle, elle n'est pas si facile à vivre », le fameux « Elle le pousse à bout ». Derrière chacune de ces phrases, l'idéologie misogyne, qui prête aux femmes une nature de manipulatrices, d'hystériques, de sorcières, capables au son de leur voix, comme une sirène, de faire perdre la raison au plus vigoureux d'entre eux et d'échouer le bateau des hommes.

Cela illustre aussi le stéréotype de genre de l'homme bourré de testostérone qui ne parvient pas à se contrôler face à une contradiction féminine. C'est cela qui m'a ulcérée lorsque, au moment de l'affaire Jonathann Daval, son avocat a cru bon d'expliquer sur les plateaux de télévision que, je cite, « Alexia avait un caractère difficile » et, pire, une « personnalité écrasante ». Dès lors, le meurtrier, pour s'en libérer, n'aurait eu d'autre choix que de la frapper, de l'étrangler, d'emmener son corps dans la forêt et d'y mettre le feu. Si l'avocat a cru pouvoir se permettre, non lors d'un procès, mais sur des chaînes d'information en continu, de tenir de pareils propos, c'est parce qu'il savait pertinemment qu'il recueillerait l'assentiment d'une partie de la société.

Cela est accrédité par des titres lus parfois dans la presse, du type : elle repasse mal, il la tue ; elle rate les œufs, il la frappe ; elle oublie où elle a mis son pantalon, il la gifle, etc. Des titres qui légitiment les violences en expliquant que la victime est en partie responsable de ce qui lui est arrivé.

D'ailleurs, on observe bien dans le profil des hommes violents et auteurs de violences conjugales que, souvent, ils développent un sens aigu de la paranoïa, interprètent mal des gestes anodins. Par exemple, si une femme envoie un texto à quelqu'un, son conjoint va le considérer comme une provocation ; elle se maquille : elle le cherche ; au contraire, elle traîne en pyjama, il considère qu'elle se laisse aller, ne fait pas d'effort. Bref, quelle que soit la raison, il y a motif de la frapper. C'est aussi l'arrangement que l'auteur de violences se donne avec sa conscience : « Après tout, moi, je ne l'ai pas cherché, c'est elle. »

Est-ce que ces arguments finissent par être intégrés par la femme victime de violences elle-même ? « La violence conjugale conduit à une perte d'estime de soi, de son identité, de sa confiance en ses possibilités, aussi bien dans sa vie professionnelle qu'au sein de son foyer. Les femmes perdent aussi confiance en leur mari et se méfient des hommes en général. La violence déséquilibre,

Taux de victimation et sentiment d'insécurité selon le genre, en France

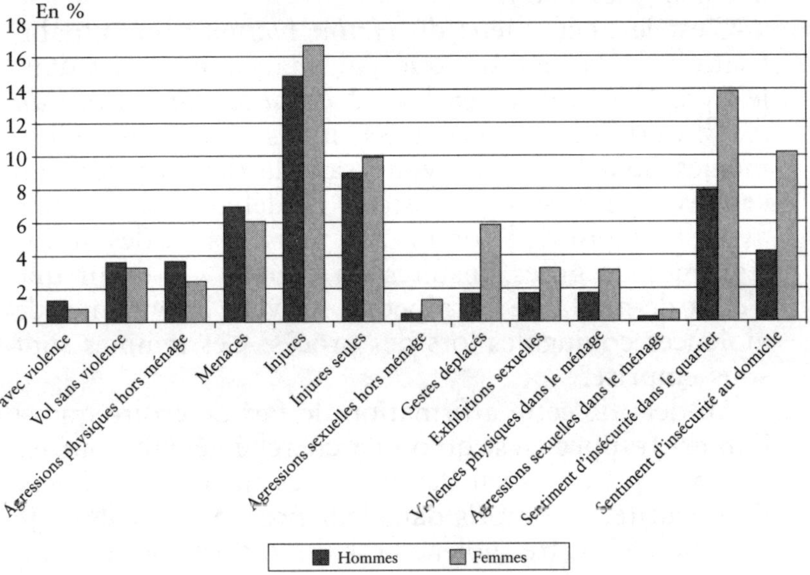

Lecture : 16,7 % des femmes de 18 à 60 ans ont déclaré avoir été injuriées au cours des deux dernières années, contre 14,7 % des hommes.
Champ : individus âgés de 18 à 60 ans.
Source : enquête « Cadre de vie et sécurité 2007-2009 », Insee.

enferme, isole, développe un sentiment de culpabilité, une dépendance psychologique et génère la peur, l'angoisse, le fatalisme, le désespoir et la honte. La violence conjugale concourt également à détruire la victime. La victimisation, processus qui amène des femmes à accepter la violence, porte ces dernières à développer un seuil de tolérance toujours plus élevé, ainsi qu'une perception de perte de pouvoir et de contrôle sur leur vie. L'intégration du processus de victimisation permet de comprendre pourquoi de nombreuses femmes vivent si longtemps dans un contexte de violence conjugale[1] », explique ainsi Zahia Manseur dans la revue *Pensée plurielle*, dès 2004.

C'est le phénomène du *victim blaming* ou culpabilisation de la victime, que j'ai analysé et décrit dans le livre *Où sont les violeurs ? Essai sur la culture du viol*[2]. Certaines femmes finissent aussi par penser elles-mêmes qu'acheter une veste sans le dire, prendre un café avec un ami, ou s'abstenir de débarrasser la table avant le retour de l'homme à la maison sont des motifs légitimes de gifles, insultes ou coups. « Il disait que c'était de ma faute[3] », répètent souvent les victimes de violences conjugales lors des procès. Ces femmes sont sous emprise.

Au-delà de cette affirmation, le fait de croire que si l'on est frappée c'est qu'on l'a cherché génère pour les femmes qui ont vécu des violences un fort sentiment d'insécurité, y compris dans leur propre domicile. « Je l'ai cherché, cette violence est donc normale, et quoi que je fasse, il me frappera et ce sera bien fait pour moi. » La dissociation devient alors un mécanisme de survie. Et s'accompagne de son corollaire, l'hypervigilance. Un bruit de pas, une clé dans la serrure, un souffle peuvent l'affoler et ce, même lorsqu'elle sait que l'homme n'est pas présent. La violence ne cesse pas avec les coups, elle reste gravée en elle, indélébile.

1. Zahia Manseur, « Entre projet de départ et soumission : la souffrance de la femme battue », *Pensée plurielle*, 2004/2 (n° 8).

2. Éditions de l'Aube, 2017.

3. F. B., « Violences conjugales : “C'est ma faute”, estimait la femme sous emprise à Ambérieu-en-Bugey », *Le Progrès*, 27 novembre 2020.

IDÉE REÇUE N° 12

« Le sexe est meilleur après un conflit »

Je suis frappée d'entendre, et de lire, à de très nombreuses reprises des femmes expliquer que la sexualité était plus forte, plus intense, en un mot meilleure, avec des hommes que l'on peut qualifier de « toxiques », voire de « violents ». Je pense que rien n'est moins vrai !

Il me tient à cœur de démonter cette idée reçue, je ne peux pas entendre des femmes intelligentes et fortes énoncer qu'elles cherchent de préférence un partenaire toxique, car ce serait la garantie d'une sexualité comblée – j'ai déjà entendu cela, n'en déplaise à ceux qui vivent dans un conte de fées.

Ce qui peut parfois donner l'illusion d'intensité à la sexualité avec un homme violent, c'est, à mon sens, qu'il vous prive de tendresse tout le reste du temps. Quand le rapport sexuel est le seul moment de votre couple où l'on vous embrasse sur la bouche, où l'on vous touche, où l'autre vous manifeste une forme d'approbation physique, oui, c'est le seul moment où vous vous sentez aimée. Et ce d'autant plus lorsque vous êtes privée de l'élément le plus fondamental à un être humain : la sécurité affective. Je ne parle pas d'amour inconditionnel (l'amour inconditionnel n'existe pas en dehors des enfants et des parents, encore que, même là, il y a débat !). L'amour inconditionnel qui signifierait « Je t'aime quoi que tu fasses, même si tu enfreins la loi, même si tu t'en prends à quelqu'un que j'aime, même si tu me frappes », cette forme d'amour exigée de l'autre est plus proche de l'emprise que du sentiment. Je ne parle donc pas d'amour inconditionnel, mais de la sécurité affective à laquelle nous aspirons tous : savoir que l'on est en sécurité, entouré de personnes qui nous veulent du bien, cherchent à nous comprendre, nous considèrent avec bienveillance.

Si l'on vous prive de nourriture, la moindre escale dans un boui-boui en périphérie vous semblera être un dîner gastronomique étoilé. C'est simplement humain. Quand on vit avec quelqu'un qui nous dénigre, critique nos choix sans cesse ou peut péter les plombs à tout moment sans prévenir, on ne vit pas dans la sécurité affective. On est habitué à être sur ses gardes, en hypervigilance, à se demander à quel moment il va péter les plombs, à quel moment il va lancer des objets ou quand il va nous frapper… Dans ce contexte, oui, savoir que l'on dispose d'une demi-heure de calme, sans coups, offre un répit dans le conflit qui donne au rapport sexuel un autre rôle : celui de zone sûre. Et forcément, sur le moment, on se sent bien.

Au-delà de ce sentiment compréhensible, l'idée selon laquelle conflit et sexualité font bon ménage est entretenue par l'imaginaire collectif. Pour des besoins scénaristiques, de nombreuses fictions mettent en scène des relations sexuelles présentées comme intenses entre une femme persécutée ou soumise et un homme persécuteur. Pensez à *Cinquante nuances de Grey*[1] : si l'homme

1. Roman d'Erika Leonard James, paru en français chez Jean-Claude Lattès en 2012.

était un sans-abri plutôt qu'un milliardaire, il ne s'agirait pas d'une romance, mais d'un thriller. Pire encore, *365 jours*[1] présente le kidnapping d'une jeune femme par un homme qui l'oblige à « tomber amoureuse ». On n'a rien inventé depuis *La Belle et la Bête*, qui raconte davantage l'histoire d'un syndrome de Stockholm et d'une aliénation qu'une histoire d'amour. Pourtant, ce schéma martelé à des jeunes adolescentes autant qu'à des femmes adultes crée cet imaginaire collectif.

Dans les années de l'Amérique puritaine, le code Hayes, interdisant la représentation d'un rapport sexuel à l'écran, a obligé à représenter la sexualité par des métaphores : un train qui passe sous un tunnel, des verres qui tremblent sur une table, un câlin chaste et soupirant, etc. Ainsi, pour symboliser la sexualité sans la représenter de manière crue, les cinéastes ont rivalisé d'imagination. La danse a permis d'illustrer une rencontre charnelle dans *Gilda*[2], rôle dévolu à la musique dans *Casablanca*[3], à la plongée dans une fontaine dans *La Dolce Vita*[4]... La dispute est également apparue comme une façon de représenter un contact physique entre deux protagonistes. C'est un *cliffhanger* scénaristique facile et habituel.

Certains magazines féminins nous abreuvent de cette idée reçue, comme ici *Grazia* : « L'acte sexuel saura apporter ce sentiment de soulagement, de puissance, voire même de sécurité qui ne peut que faire du bien. "Le sexe après une dispute ne procure pas seulement un soulagement, il crée aussi de l'excitation. Vous

1. Film polonais dramatico-érotique réalisé par Barbara Białowąs et Tomasz Mandes, sorti en 2020.
2. Film de Charles Vidor, 1946.
3. Film de Michael Curtiz, 1942.
4. Film de Federico Fellini, 1960.

passez de l'état de menace à celui de triomphe, car vous avez surmonté la menace en survivant", analyse le sexologue Andrew Aaron[1]. » Le vocabulaire utilisé est intéressant. C'est précisément ce qui est pointé qui est dysfonctionnel. Dans un couple sain, on n'est pas censé attendre d'avoir un rapport sexuel pour se sentir en sécurité. On n'est pas censé ressentir un « état de menace » dans le couple, chez soi, en dehors de l'acte sexuel. L'autre terme intéressant est celui de « survie » : le sexe n'est pas supposé être une manière de surmonter une menace provenant du couple lui-même. Il peut donc s'agir dans ce cas de pulsion de vie davantage que de désir. Le sexe n'est donc pas meilleur avec une personne violente ou toxique, ou après une dispute : c'est simplement l'instinct de survie qui se fait plus présent.

Sachant qu'une Française sur deux n'a pas d'orgasme régulièrement[2] et qu'environ 30 % estiment que leurs rapports sexuels sont « à sens unique » en termes de plaisir, l'automatisme visant à avoir un rapport sexuel juste après un conflit interroge quant à sa finalité réelle, qui ne serait pas véritablement le plaisir de la femme, mais plutôt – même si c'est encore un tabou – la volonté de rassurer et de se rassurer.

Par ailleurs, lorsque l'on vit avec une personne qui nous rabaisse sans cesse, voire nous frappe, il est extrêmement difficile ensuite de garder la mesure des choses et de comprendre que ce n'est pas comme ça que ça se passe normalement, que le sexe n'est pas censé fêter une réconciliation après une dispute et que le fameux mythe de la réconciliation sur l'oreiller ne vaut que par

---

1. Carole Cillec, « Voici la raison scientifique qui explique pourquoi on a envie de faire l'amour après une dispute », *Grazia*, 14 décembre 2021.

2. « Une Française sur deux n'éprouve pas d'orgasme régulièrement », *Le Parisien*, 18 décembre 2015.

ce qu'il révèle de la peur d'être abandonnée, quittée, frappée. Parce que l'on éprouve le sentiment de vivre une parenthèse pendant laquelle ce n'est pas le cas : pendant que nous sommes en train de faire l'amour, il n'est pas en train de nous quitter, et réciproquement. Et quand on a si peu de raisons de se réjouir dans un couple, on se dit que, tant pis, le sexe, c'est déjà ça.

IDÉE REÇUE N° 13

« Les jeunes couples sont plus fougueux et volages et risquent davantage de violences dans leur couple (et les vieux couples sont calmes) »

Lorsque je parle de violences dans le couple, le réflexe qui revient souvent est celui de m'appeler à « former les jeunes » ou à faire de la prévention auprès des jeunes générations. Comme si les 15-24 ans portaient une violence forte en eux et que les plus âgés, plus sages, en étaient dépourvus. Comme si les seniors et autres boomers étaient respectueux dans le couple, et les jeunes ingérables.

La réalité des chiffres semble être bien plus nuancée que cela. D'abord, soulignons la difficulté à obtenir des statistiques fiables et claires sur le sujet des violences dans le couple. C'est pourquoi les chiffres issus des études sur les morts violentes dans le couple reviennent si souvent. En ce qui concerne les violences chez les jeunes couples, plusieurs sondages font état de chiffres alarmants. Ils proviennent de sondages en ligne sur un échantillon non représentatif, et la plupart du temps issus de sites spécialisés. Je ne dis pas qu'ils sont faux, je dis que, sur la base d'un échantillon biaisé, de personnes militantes ou intéressées par le sujet, on trouve forcément en proportion davantage d'individus ayant eu à éprouver cette expérience eux-mêmes. En outre, le fait que les définitions du « couple » soient mouvantes chez une partie des jeunes générations (trouples, personnes non binaires, couples libres, etc.) peut aussi jouer.

J'ai fait une intervention sur les violences conjugales dans un lycée professionnel. Alors que j'expliquais la réalité des faits, les jeunes lycéens écoutaient poliment d'une oreille sans se sentir concernés. Pour les accrocher au discours, j'ai pris des exemples du quotidien et posé des questions : qui a déjà eu un petit ami qui exige de lire ses messages sur son téléphone ? Qui a déjà eu un petit ami qui vous demande vos mots de passe ? Vous empêche de sortir ? Dénigre sans cesse vos amies ? Que vous rejoignez avec une boule au ventre ? Qui vous fait vous sentir nulle en sa présence à force de dire du mal de vous un jour, et devient charmant le lendemain sans aucune raison ? Qui veut choisir votre orientation ou vos stages à votre place ? Qui essaie de vous isoler de votre groupe d'amis ? Qui vous traite de pute si vous vous maquillez ou postez des selfies sur les réseaux ? Qui vous met une claque avant de s'en excuser et de dire que vous l'aviez énervé par votre comportement ?

À mesure que je posais ces questions, j'ai vu les lycéennes se jeter des regards, s'appuyer du coude, se chercher des mains. Elles étaient touchées ; plusieurs étaient directement concernées par ce que je venais de raconter. Quand je leur ai dit : « Ce sont des violences dans le couple », l'une d'elles a pleuré, entourée de ses amies, en réalisant que ce qu'elle vivait était néfaste et anormal. Il ne faut donc pas négliger les politiques de prévention adaptées en direction des jeunes.

La Haute Autorité de santé a produit, en 2019, une étude à la suite du Grenelle des violences conjugales. Elle y observe que « la prise en compte des caractéristiques personnelles des victimes fait apparaître certaines

Répartition des victimes d'homicide et taux d'homicide par âge et sexe, sur la période 2016-2020

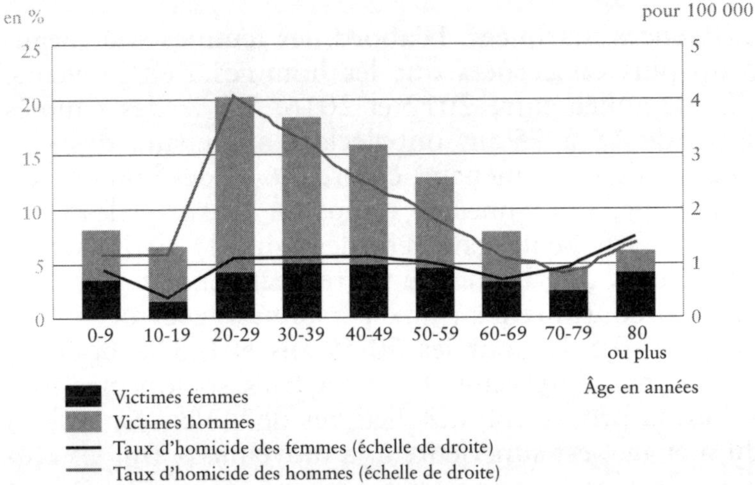

Lecture : sur la période 2016-2020, les victimes de moins de 10 ans de sexe féminin représentent 3,5 % des homicides, soit un taux de 0,9 victime pour 100 000 filles de cet âge.
Champ : France.
Source : SSMSI, bases des victimes de crimes et délits enregistrés par la police et la gendarmerie de 2016 à 2020 ; Insee, estimations de population.

14 %

En France, 1 jeune femme sur 7 vit des violences dans son couple

90 %

90% des auteurs de violences sexistes sont des hommes

1 tous les 2 jours

1 femme est assassinée tous les 2 jours parce qu'elle est femme

différences marquées. D'abord, les femmes sont beaucoup plus concernées que les hommes : en moyenne chaque année entre 2012 et 2016, 1,1 % des femmes âgées de 18 à 75 ans ont déclaré avoir subi des violences au sein du ménage, contre 0,6 % des hommes du même âge. Les jeunes de moins de 30 ans et les trentenaires affichent également des taux de victimisation plus élevés que la moyenne (respectivement 1,2 % et 1,3 %), contrairement aux personnes âgées de 50 ans ou plus (0,5 % pour les 50-59 ans et 0,3 % pour les 60-75 ans). S'agissant des catégories socioprofessionnelles, la proportion des victimes de violences, au sein du ménage, est supérieure à la moyenne parmi les étudiants et inactifs non retraités (ce qui inclut notamment les femmes au foyer, 1,5 %), les employés (1,3 %) et les artisans, commerçants et chefs d'entreprise (1,1 %) ».

La Haute Autorité de santé estime donc que, sur la base d'une question posée, les jeunes se déclarent plus souvent victimes de violences dans le couple. Est-ce parce que la génération est plus sensibilisée au sujet ? En outre, selon ces chiffres, les personnes sans activité professionnelle, donc aux deux spectres de la pyramide des âges, sont plus ciblées : lycéens et étudiants d'une part, retraités d'autre part. Les jeunes sont aussi davantage victimes de harcèlement en ligne et ce y compris de la part de leur partenaire ou ex-partenaire[1]. C'est une réalité spécifique aux jeunes à prendre en compte.

Une étude menée par l'Insee en 2011 sur la prévalence des violences dans le couple donne des indications intéressantes sur la question des âges : « Les femmes les plus jeunes (20-24 ans) étaient environ deux fois plus

1. Rachel-Flore Pardo (dir.), *Combattre le cybersexisme*, Éditions Leduc, 2021.

exposées que leurs aînées ; mais un écart d'âge de dix ans ou plus entre conjoints entraîne un doublement des situations de violences. » Cela confirme donc que les violences sont moins présentes en nombre, mais plus graves avec l'avancée en âge. « Les fréquences de ces situations de violences ne sont pas affectées par la présence d'enfants ; le fait d'avoir vécu des difficultés pendant l'enfance (privations matérielles, mesures d'assistance éducative, placement judiciaire ou administratif, conflit avec les parents, conflit entre les parents, problème d'alcoolisme, de drogue, sévices ou coups répétés) représente un autre facteur aggravant des situations de violences conjugales », ajoute l'étude.

Mais qu'en est-il des féminicides ? Une étude précise de la pyramide des âges des victimes d'un féminicide nous apprend bien autre chose...

Part des individus victimes d'homicide
pour 1 000 habitants de même sexe et âge en 2018

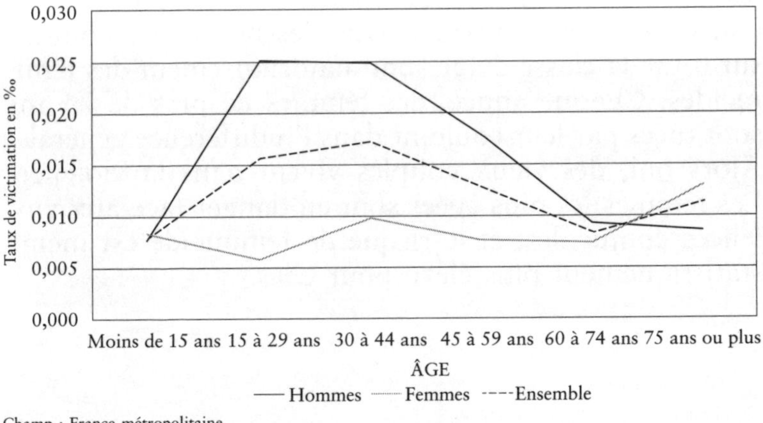

Champ : France métropolitaine.
Sources : SSMSI, bases des victimes de crimes et délits 2018, données provisoires – Insee, estimations de population (résultats provisoires à fin 2017).

Si les affaires les plus médiatisées concernent particulièrement les femmes jeunes et les jeunes mamans, les féminicides n'épargnent aucune tranche d'âge. Ainsi, les courbes d'âge issues des études sur les morts violences au sein du couple du ministère de l'Intérieur démontrent que les femmes jeunes ne sont pas plus ciblées par les féminicides que les autres, bien au contraire. À titre d'exemple, en 2017, les tranches d'âge les plus ciblées étaient, par ordre décroissant, les 31-40 ans, les 41-50 ans, les 61-70 ans, les 51-60 ans. En 2018, il s'agissait des 40-49 ans, des 30-39 ans, des 50-59 ans. En 2020, étaient concernées les plus de 70 ans, suivies des 30-49 ans… Pour les dernières années, j'ai calculé que la moyenne et l'âge médian d'une femme victime de féminicide est de 46 ans et demi !

Encore plus marquant, la part des femmes victimes d'homicides par âge. On peut constater que jusqu'à 44 ans, un écart important existe, avec clairement plus d'hommes que de femmes. Au cours de leur quarantaine, les hommes ont de plus grandes probabilités que les femmes d'être tués, en clair. Au-delà de 60 ans, la courbe s'inverse. Après 75 ans, les homicides commis sur toute la classe d'âge sont majoritairement des féminicides. Chaque année, des femmes de plus de 75 ans sont tuées par leur conjoint dans l'indifférence générale. Alors oui, des vieux couples vivent dans la violence. Les femmes les plus âgées sont en danger face aux violences conjugales, et le risque de féminicide est même statistiquement plus élevé pour elles.

IDÉE REÇUE N° 14

« Les hommes ne sont jamais victimes de violences conjugales »

La question de la prise en charge des hommes victimes de violences m'interroge particulièrement, tant elle reste encore taboue et difficile à porter dans le débat public.

Aborder la question, c'est à la fois se heurter aux virilistes comme à certaines prises de position radicales considérant qu'un homme ne peut pas être victime de violences. C'est pour cela que, nommée secrétaire d'État, j'avais demandé au président de la République d'appeler cette fonction « chargée de l'Égalité femmes-hommes » et non plus uniquement des « droits des femmes », entraînant ainsi un changement des termes de la délégation parlementaire *ad hoc*. C'est aussi pour cela que j'ai modifié l'expression « violences faites aux femmes » et lui ai préféré celle de « violences sexistes et sexuelles », qui rend visible le système produisant les violences sans en exclure les femmes et les enfants – par exemple, les lois contre le viol ou le harcèlement de rue protègent tout autant les victimes féminines que masculines, c'est la base du droit commun : il est le même pour tout le monde.

Si l'affirmation que les hommes sont plus forts que les femmes est exacte au regard des chiffres moyens, elle n'est pas toujours vérifiée : dans un combat de judo face à Éric Zemmour, j'ai toutes mes chances de l'emporter. Il est tout aussi faux de dire que les hommes battus n'existent pas que de dire qu'ils sont victimes des violences dans le couple au même degré que les femmes. Les femmes sont bien davantage que les hommes victimes des violences dans le couple. Si les chiffres démontrent que des hommes meurent aussi « victimes d'homicides intrafamiliaux », il convient de les nuancer : une part importante des morts comptabilisés sont les victimes dites « collatérales » des violences dans le couple (le père de la femme, son nouveau compagnon, un fils qui s'interpose, les enfants présents). C'est d'ailleurs pour cela qu'en dessous de 10 ans, la part de victimes filles et garçons semble presque équivalente. Les suicides consécutifs aux féminicides demeurent aussi nombreux.

Enfin, les meurtres par légitime défense existent. L'affaire Valérie Bacot, évoquée plus tôt, en est un exemple. Dès lors, combien d'hommes meurent réellement tués par une épouse qui les violentait ? Difficile à estimer. Mais cette réalité reste un tabou. L'affaire Maxime Gaget, qui date de 2009, battu et humilié par sa compagne pendant des années, reste le dernier cas jugé et médiatisé de violences conjugales commises contre un homme. Faut-il rappeler que ces violences sont tout aussi inacceptables que celles commises contre les femmes et condamnées exactement de la même manière en justice, sous la circonstance aggravante du meurtre par conjoint ? Cela étant, et je le dis à regret en tant que ministre, les violences dans le couple commises contre les hommes sont aussi bien moins prises en charge. C'est une réalité, il ne faut pas la masquer. On ne répare jamais une violence en en niant une autre, même quand elles sont de nature différente.

Répartition des victimes d'homicides intrafamiliaux par âge et sexe, sur la période 2016-2020

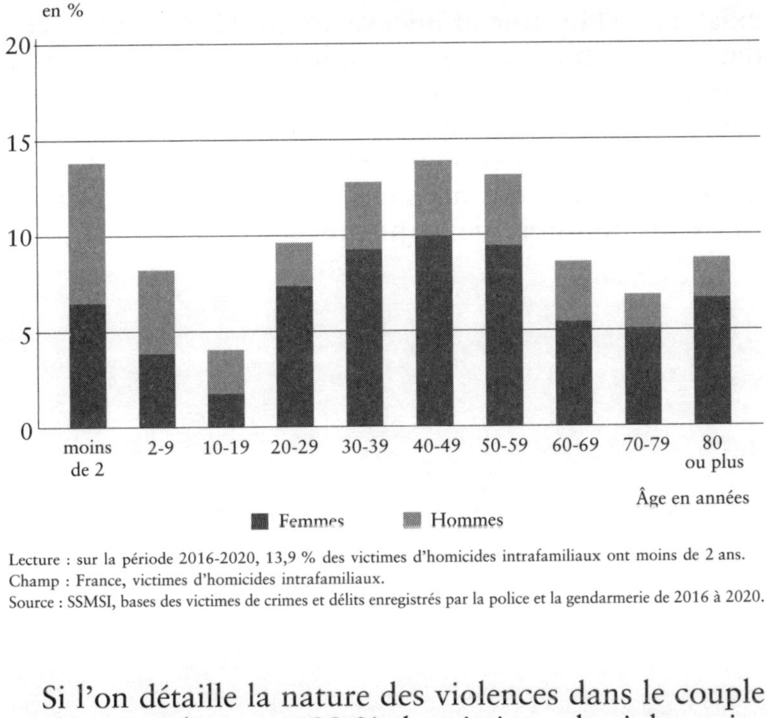

Lecture : sur la période 2016-2020, 13,9 % des victimes d'homicides intrafamiliaux ont moins de 2 ans.
Champ : France, victimes d'homicides intrafamiliaux.
Source : SSMSI, bases des victimes de crimes et délits enregistrés par la police et la gendarmerie de 2016 à 2020.

Si l'on détaille la nature des violences dans le couple en fonction du genre, 98 % des victimes de viols conjugaux, 98 % des victimes d'agressions sexuelles dans le couple, 90 % des victimes de menaces de mort, 89 % victimes de harcèlement, 87 % des victimes de violences volontaires, 67 % des « autres crimes commis sur partenaires » sont des femmes… Il y a, chaque année, entre 23 et 34 hommes tués par leur partenaire, depuis 2007, de façon constante et avec une régularité glaçante, selon les études du ministère de l'Intérieur sur les morts violentes au sein du couple. Certains sont tués en légitime défense. D'autres sont l'aboutissement de violences conjugales commises par leur femme ou leur mari.

Oui, les violences conjugales contre les hommes existent. Mais une immense majorité des violences dans le couple sont le fait d'hommes violents, tout comme d'ailleurs l'immense majorité des faits condamnés en justice, indépendamment de leurs motifs : sur 462 147 individus condamnés en justice en 2021, plus de 90 % étaient des hommes, selon l'étude « Chiffres clés » du ministère de la Justice.

IDÉE REÇUE N° 15

« Les féministes ne se laissent pas frapper (et un homme déconstruit féministe de gauche est forcément un gentleman non violent) »

Posons un fait statistique : la plupart des personnes qui choisissent de s'engager dans des associations de lutte contre les violences sexistes et sexuelles en ont souvent été elles-mêmes probablement victimes. Pas toujours, mais souvent : c'est un dur engagement que de se confronter quotidiennement au sujet alors que rien ne vous y oblige. Pourtant, une idée reçue circule selon laquelle les féministes sauraient se défendre, détecteraient les mécanismes de violences et d'emprise à mille kilomètres à la ronde.

J'ai visité les locaux du 3919 à de nombreuses reprises et notamment une fois avec le président de la République : nous y avons échangé avec des femmes qui ont échappé à des tentatives de féminicide. Une d'elles a pris la parole : « Monsieur le Président, je tiens à vous dire que ce ne sont pas des femmes fragiles qui sont victimes de violences conjugales. En ce qui me concerne, bien au contraire, j'ai remarqué que très souvent les femmes de caractère, pas des femmes soumises, sont la cible de violences dans le couple. C'est justement cette autonomie, cette indépendance, le fait d'être une personne à part entière qui déplaît à l'homme auteur de violences, qui veut contrôler le moindre fait et geste de la femme victime de violences conjugales. » Cette femme, grande et forte physiquement, a en effet été la cible d'une tentative d'assassinat particulièrement atroce sur son lieu de travail, par son ex-compagnon qui la poursuivait. Sans faire de généralités ou de victimologie, mes vingt-cinq ans d'engagement m'ont permis de remarquer aussi que, parfois, cela concerne des femmes qui tiennent un peu de l'infirmière, qui tentent de sauver un homme en détresse de sa propre violence. Comme la petite Johanna d'Ajaccio, dont j'ai fait le portrait dans le livre de Laura Lesueur[1], qui voulait guérir ou aider son compagnon à se sortir de différents problèmes psychologiques, notamment des violences dont il avait lui-même été victime. Donc, non, toutes les victimes ne sont pas des femmes fragiles. Non, être féministe ne protège de rien en la matière.

L'image de l'homme violent, beauf et inculte, s'est peu à peu imposée dans l'imaginaire collectif. Un article récent d'un magazine féministe expliquait qu'avec #MeToo de nombreuses femmes avaient réalisé que leur compagnon était, je cite, un « beauf ». Le beauf est la figure de l'homme issu de milieux populaires qui aime boire une bière en regardant une compétition automobile. Avec tout le respect du monde pour la bière et la Formule 1 (les 24 Heures du Mans sont un spectacle d'endurance passionnant !). Mais être un beauf ne signifie nullement être violent.

Inversement, l'idée selon laquelle un homme de gauche, progressiste, féministe, ne frapperait jamais sa femme est totalement farfelue. « Il n'y a pas de

---

1. Laura Lesueur, *Manifeste contre le féminisme radical et pour un féminisme éclairé*, Cherche Midi, 2023.

profil type d'auteurs de violences. Si les stéréotypes de genre et l'idéologie patriarcale font le lit des violences sexistes et sexuelles, on voit des prédateurs et des auteurs de violences dans tous les milieux, même s'inscrivant dans des courants de pensée féministe. Au contraire, leurs discours engagés les placent au-dessus de tout soupçon et ils peuvent agir en toute impunité », souligne Assia Benziane.

Ainsi, il reste surprenant pour moi et même incompréhensible de voir une grande radio publique continuer à faire appel aux interventions d'un homme condamné pour des faits de violences conjugales contre Aurélie Filippetti, ancienne ministre de la Culture. Il peut publier des livres sans que cela dérange personne, et est plébiscité par les mêmes sphères qui demandent que l'on ne récompense plus Roman Polanski. Ce manque de cohérence interroge. Quand, dans le même temps, on entend une femme politique féministe comme Clémentine Autain (La France insoumise) affirmer à propos d'Adrien Quatennens qu'il faut être en empathie avec les hommes violents car ce sont « nos amis, nos maris, nos camarades et que nous devons les écouter pour les faire évoluer », les bras m'en tombent. L'extraordinaire tolérance et même sympathie (« Adrien est notre ami et nous le soutenons », « Il a été violent mais n'est pas violent », « Je demande qu'on cesse de le blâmer »...) dont a été l'objet un homme ayant avoué une gifle, du harcèlement téléphonique et une blessure, et a été mis en cause pour d'autres faits récurrents, est profondément choquante, venant de personnes passant leur temps de parole à donner des leçons sur le sujet des violences conjugales.

IDÉE REÇUE N° 16

« Une femme est plus en sécurité chez elle avec son mari que dehors avec un inconnu »

« Sois prudente quand tu sors. » « Je suis chez moi, je suis en sécurité. » « Ne réponds pas aux inconnus. » Toutes ces injonctions ou ces recommandations chaleureuses se fondent sur l'idée qu'une femme est en danger dehors et en sécurité à l'intérieur.

Or, en matière de violences sexistes et sexuelles, il faut comprendre que, statistiquement, l'endroit le plus dangereux pour les femmes, c'est chez elle. Les auteurs de ces violences sont très majoritairement des gens qu'elles connaissent. Qui commet des violences sexuelles sur les enfants et sur les adolescentes ? Ce sont les parents, les beaux-parents, les oncles et tantes, les parrains et marraines, les amis de la famille, les voisins, les moniteurs de colonie de vacances, les professeurs, les curés, etc. Donc, majoritairement (bien sûr, à quelques exceptions près), ce sont des hommes de l'entourage de la jeune fille qui commettent des violences exercées hors de l'espace public, chez elle, dans sa famille. Lorsque ce n'est pas au domicile même, c'est dans une extension : entrée (Sabine), parking, cave (Sohane), parties communes, ou chez des voisins.

Il en va de même pour la femme à l'âge adulte : les violences intrafamiliales comme les violences sexistes et sexuelles sont toujours commises par des personnes de l'entourage en majorité, un patron, des collègues, des amis du mari… Cela démontre bien qu'en fait, sous son toit, une femme n'est pas plus en sécurité qu'à l'extérieur. Au demeurant, cela démontre aussi une chose : dans la société, une immense majorité des hommes ne sont pas en danger sous leur propre toit, qui est, pour eux, un refuge, quand une grande proportion de femmes – bien plus que d'hommes – se sentent en insécurité sous leur propre toit. C'est une énorme inégalité entre les femmes et les hommes, et nombre d'autres inégalités en découlent : vous n'appréhendez pas la vie de la même manière, que vous viviez dans un endroit sécurisé ou non. En ce sens, les femmes souffrent d'une forme de « mal-logement » psychologique jamais pris en compte dans les études à grande échelle.

La plupart des manuels de développement personnel et professionnel disent aux femmes qu'elles doivent lever la tête et demander des augmentations de salaire. Entièrement d'accord. Mais, quand vous avez eu peur du harcèlement de rue sur le chemin et, surtout, quand vous êtes rentrée chez vous et que vous avez passé quarante-cinq minutes de votre temps à recevoir des claques et des coups de pied, vous n'êtes pas dans un bon état d'esprit, le lendemain matin, pour vous dire : « J'ai une valeur et je veux une augmentation. » Au-delà de l'état d'esprit, le temps volé par les violences est colossal.

Selon les statistiques, quelle que soit l'année, de l'étude du ministère de l'Intérieur sur les morts violentes au sein du couple, le lieu principal de passage à l'acte du féminicide est donc, systématiquement, le domicile – du couple, de la femme, de l'ex-conjoint… L'espace public, la rue (Chahinez Daoud y est pourtant brûlée vive le 4 mai 2021) ou d'autres endroits ne sont présents que dans une infime part des féminicides commis.

Sur 87 000 femmes tuées dans le monde en 2017, 58 % l'ont été par leur compagnon ou par un membre de leur famille proche, selon l'étude de l'ONU, qui précise que cela représente une femme tuée toutes les six heures par quelqu'un qu'elle connaît bien. C'est pourquoi l'Office des Nations unies contre la drogue et le crime écrit, en conclusion d'une étude sur le sujet en 2018, que, partout dans le monde, son propre domicile est l'endroit le plus dangereux pour une femme[1].

« L'analyse du lieu de l'agression, selon sa nature, modifie aussi quelques idées reçues. Les agressions sexuelles par une personne ne faisant pas partie du ménage se produisent très souvent dans le cadre de vie habituel de la victime. Dans 32 % des cas, les faits se déroulent dans le logement même de la victime, dans 28 % des cas dans les parties communes de l'immeuble ou dans un autre logement. [...] Les gestes déplacés aussi se produisent le plus souvent au domicile de la victime ou dans son voisinage : près d'un tiers ont eu lieu sur son lieu de vie, moitié dans son propre logement, moitié dans son immeuble ou dans un autre logement », confirme les données de l'Insee.

1. UNDOC, *Global Study on Homicide : Gender-related killing of women and girls*, 2018 (unodc.org/documents/data-and-analysis/GSH2018/GSH18_Gender-related_killing_of_women_and_girls.pdf).

IDÉE REÇUE N° 17

« Si on est en couple, ça ne peut pas être un viol »

« Être violée par son conjoint est moins pire que d'être violée par un inconnu, et ce pour plusieurs raisons. La première, c'est qu'avant qu'il vous viole, il y a de grandes chances que vous l'ayez choisi et, si vous ne l'avez pas choisi personnellement, qu'il l'ait été par votre clan, votre famille, votre groupe. Ensuite, vu que le viol conjugal répond à une problématique d'intérêts à long terme de la part du mâle, une femme violée par son conjoint reste assurée a minima *que cet homme est prêt à s'investir pour sa descendance. […] Les coûts adaptifs d'un viol par un inconnu sont bien supérieurs à ceux concernant un viol commis par un intime. »*

Cette théorie selon laquelle le viol commis par son partenaire serait « moins grave », ici étayée par Peggy Sastre dans *La domination masculine n'existe pas*[1], est largement répandue. Cette docteure en philosophie des sciences écrit ici ce que nombre de personnes font, consciemment ou non : elles doutent ou minimisent l'agression sexuelle commise par un partenaire.

1. Peggy Sastre, *La domination masculine n'existe pas*, Anne Carrière, 2015.

Plus récemment, on a entendu des arguments similaires à la suite de la disparition de Justine Vayrac le dimanche 23 octobre 2022. Après que le suspect a avoué le meurtre, certains témoins ont publiquement mis en doute le viol au motif qu'« il la connaissait, ils ont "fricoté" [*sic*], ils ont dansé ensemble ». Dans une France post-#MeToo supposée avoir fait sa transition féministe, on passe encore très vite d'« Ils ont dansé » à « Ça ne peut pas être un viol ».

En fait, le regard porté par la société diffère selon les cas. La condamnation est unanime dans le cas d'affaires sordides, comme celle de cette femme qui a été droguée par son mari pour permettre à d'autres hommes de la violer dans son sommeil, et ce des années durant[1], ou celle de Valérie Bacot, dont le mari était son beau-père, qui l'a prostituée. Les affaires moins médiatisées, qui se déroulent derrière les portes closes et les volets fermés, sont par définition moins marquantes.

Le viol dans le couple est un tabou d'importance. Il est à la fois difficile d'en parler comme de trouver des données fiables sur ce sujet. Selon un rapport du ministère de la Justice, les violences sexuelles représenteraient 1,1 % des affaires dites « poursuivables » de violences conjugales. Souvent, la question n'est même pas posée. C'est d'ailleurs pour cela que j'ai fait développer une grille d'évaluation du danger au moment des dépôts de plainte, pour permettre de poser la question directement à la femme qui se rend au commissariat. Encore faut-il qu'elle s'y rende…

1. « Droguée par son mari et violée par des dizaines d'hommes : Caroline Darian raconte l'horreur vécue par sa mère », *Midi libre*, 4 avril 2022.

Nature des violences conjugales
dans les affaires poursuivables

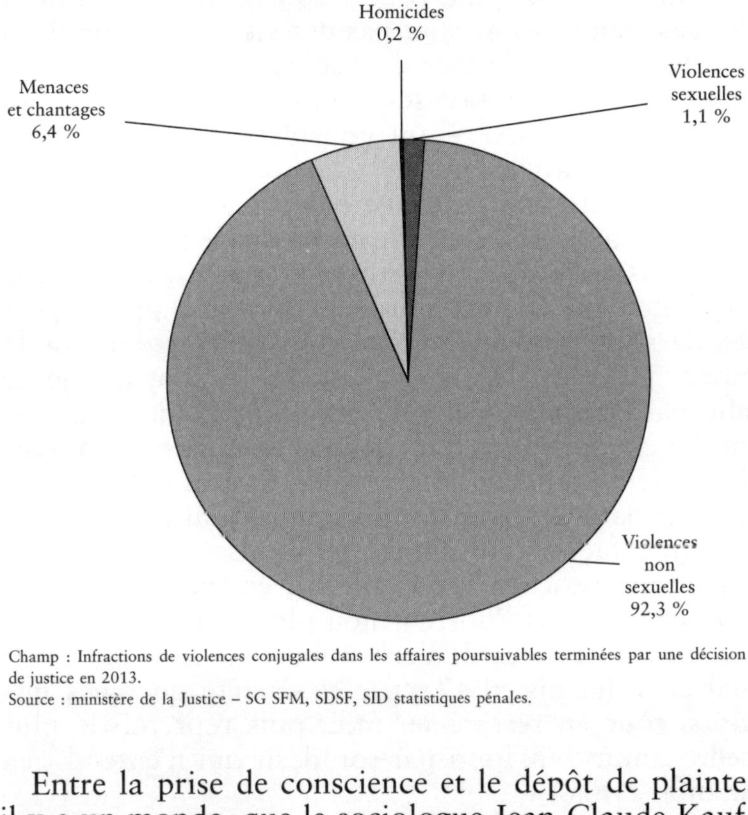

Champ : Infractions de violences conjugales dans les affaires poursuivables terminées par une décision de justice en 2013.
Source : ministère de la Justice – SG SFM, SDSF, SID statistiques pénales.

Entre la prise de conscience et le dépôt de plainte, il y a un monde, que le sociologue Jean-Claude Kaufmann a exploré dans son livre intitulé *Pas envie ce soir. Le consentement dans le couple*[1]. Il y met en exergue la notion encore très présente de « devoir conjugal », pourtant abolie dans la loi, mais restée comme une évidence pour certains – et pour certaines.

1. Jean-Claude Kaufmann, *Pas envie ce soir. Le consentement dans le couple*, Les Liens qui libèrent, 2020.

Se forcer parce que l'on n'a pas envie, mais qu'on veut faire plaisir, ou qu'on a peur d'être trompée, est courant selon lui. Une vraie « zone grise ». Si certains des cas rapportés ne sont pas des viols aux yeux de la loi, il souligne l'absence de discussion sur le consentement dans de nombreuses relations de couple, le fait d'« être ensemble » étant considéré comme un bon pour accord à vie.

Sur le site madmoizelle.com, une jeune femme témoigne ainsi de ce qu'elle prend sur le moment pour de l'insistance de son petit ami, après avoir refusé explicitement depuis plusieurs minutes un rapport sexuel sous tous les prétextes possibles : « Je fais la moue, je lui dis que ça m'embête un peu, que je ne suis pas dans le *mood*, là maintenant, mais je vois qu'il n'entend pas [...] lui continue ses caresses qui me deviennent vraiment désagréables. Et puis je m'entends lui dire dans un soupir, “puisque je n'ai pas le choix de toute façon”. Résignée, je le laisse me pénétrer. Ça ne me procure aucun plaisir, ça me fait presque mal, ce n'est pas l'horreur non plus, mais je n'ai juste pas envie. Au bout de deux minutes je finis par avoir mal et le lui dis. Il s'excuse et s'arrête quelques instants, tout en restant en moi, puis reprend de plus belle, comme englouti par son désir qui n'entend rien de mon refus[1]. »

Selon une étude de l'OMS parue en 2018, dans le monde, une femme sur quatre aurait déjà subi des violences sexuelles de la part de son partenaire. Bien sûr, la situation est différente d'un pays à l'autre, entre les endroits où les femmes sont protégées et ceux où elles

---

1. « J'ai dit “non” à mon copain, il m'a violée sans vouloir m'écouter », janvier 2019.

peuvent encore être mariées de force par leur famille alors qu'elles sont mineures, par exemple. Pour autant, la reconnaissance de la possibilité de relations non consenties au sein du couple est récente, comme le rappelle Aline Leriche : « Il faudra attendre 1992 pour que le premier viol entre époux soit jugé et condamné ! La jurisprudence de la Cour de cassation a en effet jugé que “la présomption de consentement des époux aux actes sexuels accomplis dans l'intimité de la vie conjugale ne vaut que jusqu'à preuve du contraire”. Enfin, la liaison est plus clairement établie entre la violence du mari et la violence sexuelle : le corps de la femme battue laisse pour la première fois entrevoir celui de la femme violée ; le thème de la brutalité physique n'occulte plus celui de la brutalité sexuelle[1]. » Le viol dans le couple est le tabou au carré, la chape de plomb qui pèse encore sur le sujet des violences conjugales.

Les chiffres des plaintes et des « faits poursuivables » établis par le rapport du ministère de la Justice en 2019 montrent donc une probable sous-dénonciation des viols conjugaux.

1. Aline Leriche, « Petite histoire du viol conjugal et de la honte », *Le Sociographe*, 2008/3 (n° 27).

IDÉE REÇUE N° 18

« Ce qu'on appelle "violences psychologiques", c'est une simple dispute, elles ne sont définies nulle part dans la loi »

Quand on parle de violences dans le couple, il me semble essentiel de définir ces violences, d'en comprendre le point de bascule.

Si l'on veut lutter convenablement contre les violences dans le couple, il est essentiel de comprendre aussi ce qui, à l'inverse, ne constitue pas des violences ou de l'emprise. Un couple peut parfaitement traverser une crise, vivre des conflits, se disputer, sans pour autant que l'un de ses membres soit victime d'emprise ou de violences conjugales. Au contraire, si la dispute se déroule sur un pied d'égalité entre les deux partenaires, qu'ils s'écoutent de manière symétrique, et que cette dispute leur permet d'exprimer librement des désaccords ou de confronter des points de vue, cela me semble plutôt sain, dans la mesure où il n'y a pas répétition pathologique.

Les trois quarts des couples interrogés confessent se disputer parfois. Parmi les motifs de dispute dans le couple, des sujets de la vie quotidienne reviennent fréquemment. 48 % des femmes affirment se disputer avec leur conjoint en raison d'un manque de partage des tâches ménagères, selon une enquête de l'Ifop[1], un chiffre en augmentation constante depuis une dizaine d'années, les femmes accomplissant toujours (c'est une moyenne) 80 % des tâches ménagères selon les dernières études. D'ailleurs, la Covid n'a pas équilibré ce partage des tâches : les hommes en ont fait plus, les femmes… beaucoup plus. Parmi les autres motifs de dispute, l'éducation des enfants, la place donnée à la belle-famille ou la gestion de l'argent[2].

L'association Solidarité femmes de Loire-Atlantique les différencie ainsi : « Les violences conjugales ne peuvent pas être considérées comme une sous-catégorie du conflit conjugal, car elles sont de nature différente. Le conflit peut survenir dans tout type de relation, notamment familiale ou conjugale. Il cristallise une opposition ou un désaccord sur un objet particulier, mais il met en présence deux personnes qui se trouvent sur un même plan d'égalité, deux sujets, en capacité l'un et l'autre d'exprimer et de faire valoir leur point de vue. Au contraire, les violences conjugales sont déclenchées par l'auteur sous n'importe quel prétexte et visent à vérifier et réaffirmer sa domination sur la victime. Le rapport hiérarchique de domination est définitivement installé et immuable. La victime n'a aucunement droit à l'expression. Chaque “crise” est un renoncement, un affaiblissement pour elle[3]. »

Une différence également marquée par Karen Sadlier, spécialiste du sujet, docteure en psychologie clinique : « La violence dans le couple se différencie du conflit et

1. « Les Françaises, les Européennes et les tâches ménagères dans le couple ! »

2. Lucille Quillet, « Argent, enfants, parents : quel est le sujet de dispute préféré des couples ? », *Le Figaro*, 24 mars 2016.

3. Analyse en ligne : solidaritefemmes-la.fr/home-besoin-daide/2-differences-entre-conflit-de-couple-et-violences-conjugales

du conflit élevé. Dans le conflit du couple, des différences peuvent exister et être négociées. Des actes d'agression ne font pas partie de la dynamique du couple. Dans le conflit élevé, des agressions verbales et physiques sont perpétrées de façon égalitaire par les deux partenaires qui ont des capacités pauvres de négociation. La violence dans le couple est, à la différence du conflit, basée sur une organisation de pouvoir asymétrique. Des actes d'agression sont perpétrés par un partenaire contre l'autre. La structure de pouvoir est verticale et rigide. La négociation n'est pas permise par le partenaire agresseur. L'autonomie du partenaire victime est considérée comme dangereuse par l'auteur[1]. »

Plusieurs outils ont été construits pour aider l'échange autour de la gradation des violences. Parmi eux, la « roue des violences », élaborée par et pour des professionnels, à ma demande, dans le cadre du Grenelle des violences conjugales, ou les ressources du site arretonslesviolences.gouv.fr, qui permettent de signaler ces faits aux forces de l'ordre. Parmi les phrases répertoriées sur ce site :

- Il me dit : « Tu n'es même pas capable de faire cuire un steak, tu n'es bonne à rien. »
- Il me dit : « Si tu m'aimes, ne va pas à ton rendez-vous avec ta copine, reste à la maison. »
- Il contrôle et/ou pirate mon téléphone portable, mon compte Internet, mes réseaux sociaux, mes comptes bancaires et autres comptes administratifs.
- Il menace de me frapper, de me tuer.
- Il veut toujours savoir où et avec qui je suis.

1. Karen Sadlier, « La violence dans le couple. Une souffrance pour l'enfant, un défi pour la parentalité, du changement pour le professionnel », *Les Cahiers dynamiques*, 2015/4 (n° 66).

- Il met en ligne sans mon consentement mes photos ou vidéos intimes.
- Je travaille, mais c'est lui qui a mon carnet de chèques et ma carte bancaire.
- Quand j'entends la porte de la maison s'ouvrir, je me demande ce qui va se passer ce soir, j'ai peur.
- Après m'avoir agressée, il me promet de ne plus recommencer.
- Il me force à avoir des relations sexuelles alors que je ne le veux pas.

La loi est de plus en plus claire sur la question. Dès la loi du 9 juillet 2010 relative aux violences faites aux femmes, aux violences au sein des couples et aux incidences de ces dernières sur les enfants, le délit de harcèlement au sein du couple vient caractériser et sanctionner les violences psychologiques, sur le modèle du harcèlement au travail, notamment. Après le Grenelle des violences conjugales, nous avons renforcé ces définitions et introduit la question du suicide. Sont compris les menaces, insultes, chantages, hurlements, interdictions, ordres, et plus généralement le comportement tyrannique d'un partenaire ayant pour objet d'isoler la victime de ces violences.

Il reste cependant surprenant de constater que, comme les violences sexuelles dans le couple, les violences psychologiques dans le couple sont peu dénoncées à la justice, malgré leur définition claire dans le droit. Dès le début des années 2000, l'enquête nationale sur les violences envers les femmes en France (Enveff), menée auprès de femmes de 20 à 59 ans, montrait la récurrence des violences psychologiques : 37 % des cas de violences conjugales.

En marge du Grenelle des violences conjugales, la Haute Autorité de santé a décidé de publier des travaux et guides à destination des professionnels. Elle y définit clairement les violences psychologiques : « Les pressions psychologiques comprennent des actions de contrôle (exiger de savoir avec qui et où l'on était, empêcher de rencontrer ou de parler avec des amis ou membres de la famille), d'autorité (imposer des façons de s'habiller, de se coiffer ou de se comporter en public), des attitudes de dénigrement, de mépris ; l'indicateur de "harcèlement moral" correspond aux situations où plus de trois de ces faits ont été déclarés fréquents. Les agressions et menaces verbales incluent les insultes, les menaces et le chantage affectif (s'en prendre aux enfants, menacer de se suicider). Les femmes séparées de leur partenaire au moment de l'enquête, en particulier les divorcées avec ou sans enfants, ont déclaré trois à quatre fois plus de violences psychologiques que les femmes en couple, notamment pour le harcèlement moral (respectivement 27 % *versus* 7 %). Les insultes et le chantage affectif ou les menaces se conjuguent différemment selon la position sociale : les femmes issues des catégories les plus défavorisées se déclarent plus souvent insultées, tandis que menaces et chantage s'observent dans tous les milieux. »

IDÉE REÇUE N° 19

« En Espagne, il n'y a plus de violences conjugales grâce à un milliard d'euros »

Si vous vous intéressez à la question de la protection des femmes, vous avez forcément déjà entendu dire que l'Espagne était un modèle grâce à son engagement financier d'un milliard par an contre les violences conjugales.

De nombreuses associations féministes comme les médias les plus sérieux ont relayé ce montant partout. La comédienne Muriel Robin explique ainsi, en marge de la promotion du téléfilm dans lequel elle joue le rôle de Jacqueline Sauvage, une femme qui a tué son mari après des années de violences, qu'elle est « triste que la France ne débloque pas un milliard d'euros contre les violences comme en Espagne[1] ». *Le Journal du dimanche* en 2019[2] ou encore récemment les députés La France insoumise Danielle Simonnet et Danièle Obono, affirmant que « les associations demandent un milliard d'euros pour l'année comme en Espagne », célèbrent le modèle ibérique. Encore plus surprenant, la comédienne Eva Darlan choisit de s'exprimer sur France Info le

1. AFP, « Violences conjugales : pour Muriel Robin, il y a encore "plein de Jacqueline Sauvage en France" », *Le Parisien*, 29 juillet 2020.
2. Marianne Enault, « Violences conjugales : en Espagne, les hommes brutaux sont géolocalisés », *Le Journal du dimanche*, 20 novembre 2019.

jour du lancement du Grenelle des violences conjugales, le 3 septembre 2019, pour affirmer : « Je trouve que ce Grenelle n'a pas lieu d'être, toutes les lois existent déjà, il suffit de les appliquer et de mettre un milliard d'euros. » Pour mémoire, le Grenelle a donné lieu à des dispositifs comme la formation des policiers et des gendarmes, la création des bracelets anti-rapprochement, la saisie des armes à feu dès la plainte, le 3919 ouvert vingt-quatre heures sur vingt-quatre, une plateforme de signalements, etc. Évidemment, tout cela fut financé et l'est toujours, et même encore plus. L'opposition devient juste systématique et la demande d'un milliard comme en Espagne ressemble à un totem. Je ne doute nullement de la sincérité de l'engagement de chacune et ne peux pas imaginer que d'autres motivations que celles de l'efficacité auprès des femmes aient guidé qui que ce soit. Mais le plus fou, c'est qu'alors que la France a dépensé bien plus, ce milliard espagnol engagé chaque année contre les violences… est un mythe !

« Ce n'est pas pour faire un concours de chiffres, mais pour être précise, ce milliard d'euros, il n'existe pas en Espagne, c'est un mythe. On ne le voit que dans les médias français. Je vous invite à consulter les documents budgétaires du gouvernement espagnol et vous constaterez que ce milliard d'euros n'existe pas. D'ailleurs, Mariano Rajoy, pourtant pas réputé pour être un féministe radical, a lui-même convenu que ce milliard d'euros n'avait pas été engagé. C'était un objectif théorique des partis sur cinq ans. Donc un milliard, vous le divisez déjà par cinq, qui ensuite n'a pas été engagé. Ce qui a été engagé, c'est cent millions donnés aux régions et sans demande de compte rendu et de contrôle », ai-je dit aussitôt sur France Inter. Il s'agit, en effet, d'un pacte conclu en 2017 entre l'État,

Nombre total de féminicides et d'homicides conjugaux ou en concubinage dans quelques pays européens

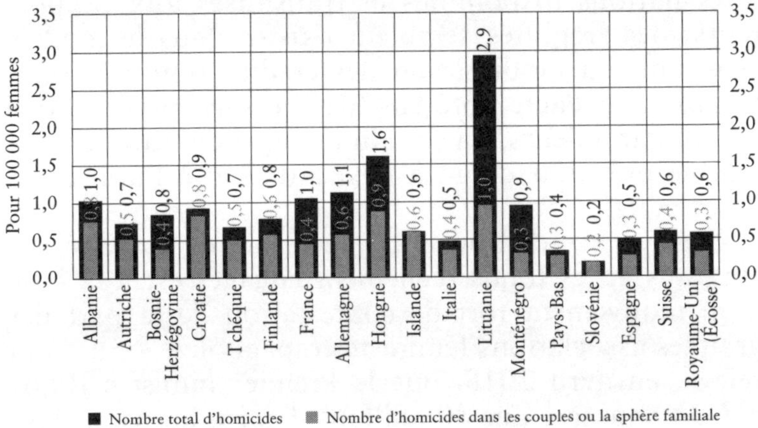

les collectivités, la Fédération, les communes, sur cinq ans et pour tous les sujets concernant l'égalité femmes-hommes. C'est-à-dire bien moins que ce que la France engage, État seul, et ce sans compter les collectivités qui financent de manière importante les associations.

La délégation aux droits des femmes du Sénat, dans son rapport de 2019 sur le financement de la protection des femmes, ne dit pas autre chose : « Le budget prévu par le Pacte est d'un milliard d'euros sur cinq ans. Soit environ 200 millions par an jusqu'en 2022. Ce budget a été voté par la loi de finances annuelle de 2018, prorogé en 2019. Les 200 millions se répartissent de la manière suivante : 80 millions pour l'administration centrale, 100 millions pour les régions et 20 millions pour les municipalités. Régions et villes doivent justifier à l'État de l'utilisation de cette dotation. C'était la première fois, en 2018, qu'un *item* spécifique était consacré dans le budget de l'État à la lutte contre les violences faites aux femmes. Toutefois, au vu des informations disponibles et transmises aux rapporteurs, des fragilités semblent exister dans le modèle espagnol. La mobilisation des crédits annoncés dans le cadre du Pacte voté en 2017 a ainsi pris presque un an. Par ailleurs, un certain manque de transparence semble prévaloir quant à l'exécution et à l'utilisation des crédits. »

Cette contradiction entre le milliard annoncé sur cinq ans et les fonds réellement engagés est à la base d'un mouvement fort de contestation de la part des grandes associations féministes espagnoles. « Elles ont relevé, en avril 2018, que le Premier ministre Rajoy n'avait consacré que 80 millions d'euros au pacte dans son budget prévisionnel pour l'année 2018, tout en laissant entendre que les 120 millions restants pour la première année seraient alloués par les communautés autonomes et les municipalités. Les partis d'opposition, notamment le PSOE (socialiste), avaient alors dénoncé une "tromperie", et réussi à obtenir un amendement pour que l'État espagnol consacre bien les 200 millions d'euros promis au pacte. Et qu'ils soient répartis comme tel : 100 millions pour les communautés autonomes, 20 millions pour les municipalités et 80 millions au niveau étatique, eux-mêmes répartis entre différents ministères[1] », analyse ainsi le journal *Libération* en se basant sur des observations de la presse espagnole elle-même.

Cet engagement quinquennal pris en 2017 est aujourd'hui terminé. Aucun nouvel engagement

---

1. Mathilde Goupil, « Lutte contre les féminicides : l'Espagne, un modèle à suivre ? », *Libération*, 3 septembre 2019.

financier de cette ampleur n'a été repris en Espagne. Pedro Sánchez, succédant à Rajoy en 2018, a annoncé engager 100 millions parmi ce milliard et y ajouter 20 millions supplémentaires. À ce jour, absolument aucun document budgétaire ne vient détailler l'exécution (c'est-à-dire la dépense effective) du fameux milliard, ni d'où il proviendrait (quelles collectivités ?), ni à quoi il serait alloué – sur cinq ans, toujours. Dans le même temps, le budget de la France pour l'égalité femmes-hommes n'a cessé d'augmenter année après année *via* les votes du budget. Si l'on veut être honnête, le véritable sujet (en France comme en Espagne) est l'exécution des budgets.

Les féminicides en Europe

Femmes assassinées par des partenaires intimes
par million d'habitants en 2017*

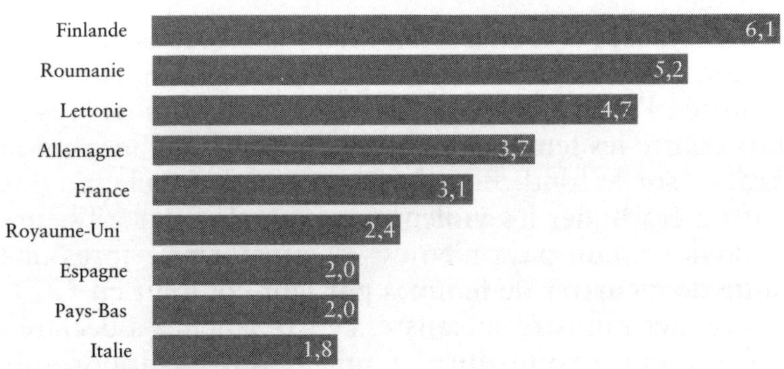

* Homicides volontaires. Sélection de pays.

Source : Eurostat.

Au-delà de cette question du milliard mythique, les féminicides ont pourtant diminué en Espagne ces dernières années. Alors comment l'expliquer si ce n'est par l'argent ? D'abord, les Espagnols ont pris conscience de l'ampleur du phénomène dès 2004, en faisait voter une loi spécifique ultramédiatisée. En France, cette mobilisation politique date de 2017, avec le lancement de la grande cause du quinquennat par Emmanuel Macron et, pour la première fois, l'établissement d'une minute de silence pour les femmes victimes de violences conjugales et tuées par leurs conjoints. Entre les tribunaux spécialisés et la création des bracelets anti-rapprochement bien avant la France, ce sont les mesures concrètes de justice et de lutte contre la récidive qui ont permis cette mobilisation et ces résultats espagnols. En déplacement diplomatique, j'ai eu l'occasion de constater que les féminicides sont traités comme du « terrorisme machiste » (c'est l'expression utilisée[1]).

Des mesures concrètes, une justice présente, des actions en présentenciel, et vingt ans d'antériorité dans la lutte : l'Espagne a donc bel et bien obtenu des résultats contre les féminicides et doit continuer d'inspirer la France sur le fond. Bien évidemment, tout cela n'a pas suffi à éradiquer les violences conjugales, car à l'heure actuelle, aucun pays n'en est exempt. Ainsi, après une suite de meurtres de femmes par leur conjoint en 2021, le Premier ministre socialiste, Pedro Sánchez a déclaré : « C'est une réalité dure et une réalité insupportable [...]. L'Espagne est en proie à un fléau machiste qui

1. Sofiane Zaizoune, « En vidéo, Marlène Schiappa parle de "terrorisme machiste" pour les violences conjugales, madame.lefigaro.fr, 4 septembre 2019.

fait que des hommes tuent des femmes, car elles sont des femmes et tuent leurs enfants parce qu'elles sont leurs mères. »

Signe que l'Espagne regarde aussi les actions de la France avec intérêt, en 2017, le journal espagnol *El País* vantait les actions d'une féministe française et femme politique, affirmant qu'il fallait s'en inspirer. *Courrier international* titrait dans son numéro du 21 novembre 2017 : « Vue d'Espagne, Marlène Schiappa, emblème de la lutte pour les droits des Françaises. » Nulle n'est prophète en son pays.

IDÉE REÇUE N° 20

« Les femmes mentent et accusent des hommes célèbres de violences pour devenir connues »

Un Français sur trois pense que les accusations mensongères des femmes contre les hommes sont fréquentes[1]*. En Suède, dans le mois suivant #MeToo, une douzaine de femmes ont été poursuivies et condamnées pour diffamation*[2].

Dans les dernières années, en France, de nombreuses affaires de violences conjugales ont été mises au jour. Certaines concernent des hommes célèbres. Êtes-vous en mesure de citer les noms de dix femmes qui ont accusé ces hommes célèbres ? Leurs projets professionnels ? De les reconnaître sur une photo ? À moins que vous soyez impliqué dans ces affaires ou que vous les ayez suivies professionnellement, je suis prête à gager que la réponse est non. Non, vous ne connaissez pas dix noms, dix projets, dix visages de femmes ayant accusé des hommes célèbres de violences. Cela ne signifie pas qu'il n'existe pas de fausses accusations. Il en

---

1. Maëlle Le Corre, « 1 Français sur 3 croit toujours que les fausses accusations de viol par vengeance sont "fréquentes". Y a du boulot », madmoizelle.com, 4 février 2022.

2. Anne-Françoise Hivert, « En Suède, les plaintes en diffamation contre #MeToo font craindre un retour de la loi du silence », *Le Monde*, 6 mai 2022.

existe. C'est pour cela que des procès ont lieu et que la justice existe. Mais cela n'est pas, et de très loin, la majorité des cas.

« On entend souvent des commentaires disant : elle en rajoute, ça devait être moins grave que ça ! Au contraire, bien souvent les femmes minimisent les violences subies. Elles ne dévoilent pas tout ce qu'elles ont vécu, elles en parlent au fur et à mesure. Elles ne perçoivent pas ce qu'elles ont vécu comme des vraies violences, oublient elles-mêmes certains faits pourtant graves. Elles ne se voient pas comme "des vraies victimes" même quand elles ont subi des violences multiples, elles pensent que ce n'est pas assez grave. C'est une conséquence de la stratégie de minimisation de ses actes de l'agresseur », analyse Clémentine, chargée des droits des femmes dans une mairie du Val-de-Marne. Elle ajoute : « On soupçonne aussi les femmes par exemple migrantes de dénoncer pour obtenir des papiers. D'après l'ensemble des études, les dénonciations calomnieuses sont extrêmement rares. En outre, les femmes n'auraient aucun bénéfice à en tirer : c'est encore souvent compliqué de déposer plainte, les plaintes sont souvent classées sans suite, et même après des condamnations, il est très rare que les hommes subissent des conséquences des violences, par exemple en termes de garde des enfants. »

Cela ne signifie évidemment pas que toutes les accusations sont vraies. Il est impossible de dresser des généralités. La journaliste américaine Cathy Young écrit ainsi : « Dans un passé pas si lointain, la croyance voulant que les femmes soient coutumières de telles impostures conduisait à des réactions effroyables à l'égard des victimes. Néanmoins, en réponse à ce que l'auteure et professeure de droit Susan Estrich appelait le “mythe de la femme qui ment”, les féministes ont créé leur propre contre-mythe : celui de la femme qui ne ment jamais[1]. » La justice, toute perfectible qu'elle soit, existe justement pour démêler le vrai du faux.

1. Cathy Young, « Les fausses accusations de viol sont rares, mais elles existent et c'est un problème grave », slate.fr, 9 octobre 2014.

IDÉE REÇUE N° 21

« Les violences, c'est quand même pas tous les jours »

Le rythme de la semaine a bien sûr un impact sur les violences dans le couple. Le couple ne vit pas en autarcie.

Lorsque je dirigeais une agence de production de contenus en ligne, j'ai remarqué que les périodes de Noël et de septembre étaient celles où les internautes mères de famille étaient le plus tendues et le plus agressives. Les vacances de Noël ne reposent personne mais, au contraire, font peser une suite d'injonctions, tout comme la période estivale et son lot de comparaison aux autres couples, dont on pense forcément qu'ils ont passé des vacances de rêve, contrairement aux nôtres.

Il est, par exemple, démontré que certains mois sont plus propices aux suicides que d'autres : « Durkheim en attribuait la raison aux fluctuations de l'activité agricole. Mais qu'en est-il aujourd'hui ? Nicolas Bourgoin relève que la variation en France n'est plus la même qu'au début du siècle : l'écart entre le maximum (juin) et le minimum (décembre) s'est amenuisé, et on voit apparaître un pic secondaire en septembre, après une baisse en août. D'autre part, il note que les hommes actifs sont les principaux responsables de cette variation, et que le lundi et le mardi sont les jours les plus risqués pour un passage à l'acte, respectivement pour les employés et les artisans. Tout cela suggère qu'il existe, du moins pour les hommes, un rapport entre la décision de quitter ce monde et les rythmes de l'activité professionnelle. On voit toutefois que cette relation n'est pas simple : les moments de reprise (mois de septembre, début de semaine) semblent périlleux, mais celui qui précède les vacances l'est tout autant (pic de juin). Enfin, il reste vrai que la période de fin d'année reste celle du moindre désespoir de la vie[1]. »

Si le 31 décembre reste particulièrement dangereux, on peut incriminer la conduite en état d'ébriété, les arrêts cardiaques, les maladies, et pas uniquement les morts volontaires, selon l'Insee. Pour disposer de données plus fines sur les conflits au sein des couples et sur les violences conjugales, cela se corse. Une étude britannique montre que les couples se disputeraient en majorité le jeudi entre 18 et 20 heures. Cependant, réalisée en ligne auprès de 600 couples seulement, sa fiabilité peut être interrogée[2]. Les lieux de dispute seraient en voiture, devant la télé, dans la cuisine, dans les magasins, chez sa belle-famille[3]. Toutefois, on parle bien là de disputes et non de violences (les violences conjugales ont rarement lieu dans des lieux publics comme les magasins).

Lors de nombreuses visites dans les locaux du numéro du 3919, j'ai pu avoir accès aux chiffres et aux tableurs statistiques des appels à ce numéro d'aide des femmes victimes de violences. Comme l'a précisé

1. « Suicide et saison », *Sciences humaines*, n° 110, novembre 2000.
2. Sara Jore-Pivet, « Couple : à quel moment de la semaine se dispute-t-on le plus ? », *Marie-Claire*, sans date.
3. Diane Thibaudier, « Couple : voici les 5 endroits où l'on se dispute le plus ! », voltage.fr, 21 février 2019.

la présidente, Françoise Brié, elle-même, ces données sont à manier avec précaution, car il s'agit des jours et des heures d'appel et non des jours et des heures où se produisent les violences. Ainsi, le lundi matin est souvent un pic d'appel : le week-end est passé, les femmes se retrouvent seules ou au travail, et sont plus sereines pour téléphoner. Cela laisse à penser que des violences de nature à les pousser à demander de l'aide se produisent le week-end. En réalité et jusqu'à une date très proche, la plupart des féminicides et des violences conjugales avaient lieu le dimanche.

L'étude des chiffres qui analysent les féminicides, au ministère de l'Intérieur, montre que, désormais, elles ne se concentrent plus exclusivement le dimanche. Il s'avère très difficile d'émettre des hypothèses. Le travail dominical, la fin du confinement, le début du télétravail qui brouille les cartes entre domicile et vie professionnelle ? La fin de certaines activités sociables, l'ouverture des magasins le dimanche ? Je ne sais pas le dire avec rigueur.

J'observe simplement que cette récurrence du dimanche, tout comme d'ailleurs la surreprésentation des inactifs chez les auteurs de violences conjugales, démontre que l'inoccupation est un facteur de violences ou de délinquance. Lorsque j'étais élue locale, je ne comprenais pas pourquoi la mairie finançait des activités de loisirs. Pour moi, c'était à chacun de se payer son club d'échecs ou de salsa, son équipe de foot ou ses excursions. Le maire m'a un jour dit : « Pendant qu'ils font ça, ils ne font pas autre chose. » C'était une définition claire et précise des politiques de lutte contre la délinquance. L'occupationnel n'a pas que du mauvais.

IDÉE REÇUE N° 22

« Les policiers ne prennent plus les plaintes »

Le Haut Conseil à l'égalité femmes-hommes, institution qui réunit des expertes et experts, estime que 210 000 femmes environ sont victimes de violences dans le couple chaque année.

Parmi elles, seules 125 000 se déclareraient aux forces de sécurité intérieure, affirme le Haut Conseil, présidé d'abord par Brigitte Grésy, aujourd'hui par Sylvie Pierre-Brossolette. Sur ce chiffre, seules 52 000 feraient l'objet d'une réponse pénale. Une étude menée par l'inspection générale de la Justice, commandée par la garde des Sceaux de l'époque, Nicole Belloubet, en parallèle au Grenelle des violences conjugales, démontre que sur 88 dossiers étudiés, 65 % des femmes avaient signalé les faits de violences conjugales à la police. Un chiffre proche, donc.

Les chiffres le montrent : lorsqu'on est victime de violences conjugales, on se tourne en priorité vers les policiers et les gendarmes. Même s'il n'y avait que vingt féminicides, ce seraient vingt féminicides de trop. Mais c'est justement le nombre élevé de féminicides de 2019, après une baisse en 2018, qui nous a amenés à lancer le Grenelle des violences conjugales. On ne peut pas de bonne foi considérer que les chiffres de l'année 2019 seraient une conséquence ou une non-conséquence d'un Grenelle des violences conjugales produit entre septembre et décembre 2019, et dont les mesures commencent juste à entrer en application.

Par ailleurs, il y a des choses qui fonctionnent. Il serait illusoire de penser que nous pouvons mettre un policier et un gendarme derrière chaque victime de violences conjugales, dans chaque foyer. En revanche, nous devons être capables de répondre, de prendre en charge les femmes, de les protéger. Nous devons avoir des policiers et des gendarmes formés aux mécanismes propres aux violences conjugales, comme l'emprise. Nous devons être capables d'évaluer le danger encouru par la victime qui se présente dans un commissariat ou une gendarmerie, et la protéger.

D'abord, pour améliorer l'accueil et l'accompagnement de ces victimes.

Depuis le lancement du portail de signalement en ligne arretonslesviolences.gouv.fr, policiers et gendarmes ont déjà traité plus de 33 000 signalements. Je le sais, ce portail est utile pour les victimes, et je salue le travail des forces de l'ordre qui répondent aux victimes vingt-quatre heures sur vingt-quatre et sept jours sur sept. Des femmes disent que, lorsqu'elles se rendent dans des commissariats, il est difficile pour elles d'être seules face aux policiers. Je le dis ici, le travail du policier n'est pas de réconforter les femmes qui viennent porter plainte ; leur travail, c'est de prendre la plainte, de qualifier les faits, d'enquêter et de transmettre la plainte, et je souhaite que 100 % des plaintes soient prises et transmises dans les meilleurs délais. En revanche, un travail social doit être fait, c'est pour cette raison que je souhaite développer la place des intervenants sociaux dans les commissariats et les gendarmeries. En janvier 2022, nous avions créé cent trente trois postes, sur quatre-vingt annoncés.

Pour nous assurer que l'accueil des victimes soit le meilleur possible et prenne en compte ces nouvelles mesures, nous avons lancé en 2019 un audit spécifiquement sur l'accueil des victimes de violences conjugales dans les commissariats et les brigades de gendarmerie.

La répartition journalière des faits

Comme les années précédentes, il est difficile de dégager une véritable tendance quant aux périodes au cours desquelles les faits se produisent le plus souvent. Les écarts sont en effet relativement faibles entre les différents jours de la semaine. Toutefois, on relève que le dimanche est le jour le plus marqué par ces violences (28 faits, soit 20,29 %).

Nombre de faits journaliers

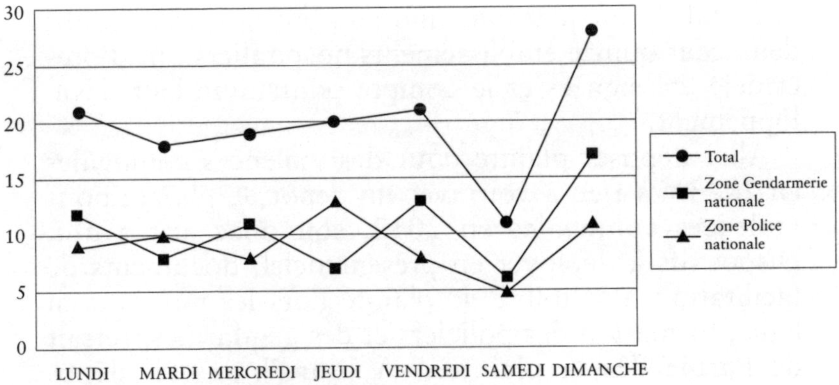

Ensuite, nous devons mieux évaluer le danger encouru par la victime et faciliter sa prise en charge.

Depuis janvier 2020, une grille d'évaluation du danger permet, à l'occasion d'un dépôt de plainte, d'une simple audition ou d'une main courante, d'apprécier le niveau de danger encouru par la victime et de mettre en œuvre les mesures d'accompagnement et de protection adaptées.

Nous avons aussi voulu renforcer l'expertise des policiers et gendarmes sur ce sujet, c'est pourquoi l'ensemble de leurs formations, initiale et continue, ont été mises à jour et intègrent désormais les mesures adoptées dans le cadre du Grenelle des violences conjugales.

Enfin, parce que le cheminement des victimes peut parfois s'apparenter à un véritable parcours du combattant, nous avons voulu développer la possibilité pour les femmes de porter plainte dans les hôpitaux. Des conventions sont signées partout en France entre les forces de sécurité intérieure, les établissements de santé et les parquets pour permettre ce dépôt de plainte à l'hôpital. Cent quarante cinq conventions, impliquant deux cent quinze établissements hospitaliers ont d'ores et déjà été signées et je compte poursuivre leur développement.

Aller déposer plainte pour des violences conjugales en 2023 n'a rien à voir avec un dépôt de plainte pour violences conjugales en 2012, soit onze ans avant. Dispositifs à déployer en présentenciel, documents de facilitation, possibilité de plainte hors les murs ou en ligne, formation des policiers et des gendarmes, retrait de l'arme dès la plainte… Aujourd'hui, oui, déposer plainte pour des violences conjugales, cela sert à quelque chose.

Démographie – Nombre de décès

individus

Année	Mois	Valeur
2022	Septembre	(p) 47 600
2022	Août	(p) (r) 51 200
2022	Juillet	(p) (r) 53 300
2022	Juin	(p) 46 900
2022	Mai	(p) 49 800
2022	Avril	(p) 54 800
2022	Mars	(p) 55 800
2022	Février	(p) 55 500
2022	Janvier	(p) 64 900
2021	Décembre	(r) 62 899
2021	Novembre	(r) 52 694
2021	Octobre	(r) 52 650
2021	Septembre	(r) 48 267

p : donnée provisoire
r : donnée révisée

Champ : France métropolitaine.

IDÉE REÇUE N° 23

« Les femmes ne quittent pas les hommes violents faute de moyens financiers »

Les violences dans le couple touchent tous les milieux sociaux, tous les âges, toutes les professions, toutes les origines, tous les modèles de couple, même si elles ne touchent évidemment pas la totalité des couples, heureusement.

Cela étant, et sans que cette affirmation induise d'idée reçue ou de minimisation des violences au sein des couples les plus diplômés ou aisés, on constate tout de même des différences en fonction de la catégorie socioprofessionnelle, comme l'observe la Haute Autorité de santé : « C'est au sein des ménages les plus modestes que le taux de victimisation des violences domestiques est le plus élevé (1,1 % contre 0,7 % à 0,8 % pour les autres catégories de ménages). »

Certains facteurs semblent être aggravants, comme « l'instabilité professionnelle, le retrait du monde du travail, ainsi que le manque d'argent lié aux situations de précarité, et surtout la dépendance financière des femmes sans revenu personnel », selon la même étude, qui observe aussi que la différence ne se situe pas dans la fréquence (répétition) des violences, homogène selon les catégories socioprofessionnelles, mais plutôt dans leur degré de gravité.

« Les femmes au chômage sont plus fréquemment victimes de menaces et de violences physiques. La précarité vis-à-vis de l'emploi conduit également à subir plus de violences au sein du ménage et plus d'agressions sexuelles en dehors du ménage », rapportait déjà en 2011 l'étude « Économie et statistiques » menée par l'Insee. S'il est toujours très risqué d'essayer de faire de la victimologie en matière de violences sexistes et sexuelles (cela sous-entendrait qu'il existe un profil de femmes victimes de violences), les chiffres et les faits sont là : la Fédération nationale Solidarité femmes, sur la base des données issues des appels au 3919, dresse le constat suivant : « Les femmes victimes ont moins souvent un emploi, ont moins de ressources. Elles ont aussi vécu plus d'interruptions dans leur vie professionnelle que les auteurs de violences en moyenne. Ces freins à l'autonomie et les violences économiques qu'elles subissent sont parmi les éléments récurrents dans les violences conjugales. En effet, ils maintiennent la victime dans une situation de dépendance et se poursuivent souvent après la séparation. »

Les données des appels reçus au 3919 indiquent que 43 % des victimes ont un statut d'employé (contre 31 % pour les agresseurs), 9 % un statut d'ouvrier (25 % des agresseurs), les cadres et professions intellectuelles supérieures représentent 22 % des victimes (23 % des agresseurs) et les écoutantes observent une surreprésentation des agresseurs chez les commerçants et chefs d'entreprise, ainsi que le relaie la Haute Autorité de santé dans son rapport de 2017.

Certains affirment que les femmes plus diplômées, plus entourées, ou issues de catégories socioprofessionnelles supérieures seraient plus éveillées et plus sensibles aux violences, y compris économiques ou psychologiques, ce qui expliquerait qu'elles déclarent plus souvent être victimes de sexisme dans leur vie, intime ou professionnelle. « Les résultats de l'enquête "Histoires de vie" confirment cette plus grande sensibilité des femmes diplômées à des attitudes intolérantes ou discriminatoires, notamment sur leur apparence physique et sur le simple fait d'être une femme (Algava, 2004). Mais pour l'interprétation de ces données statistiques se pose la question du degré de sensibilité des différentes populations de femmes : ces femmes cultivées sont-elles effectivement plus victimes de ce genre d'actes ou bien y sont-elles plus sensibles, moins habituées et du coup plus choquées voire traumatisées lorsque cela leur arrive ? » demandent Huong Dang-Vu et Thomas Le Jeannic dans une étude de l'Insee datant de 2011.

Tout comme les écarts d'âge au sein du couple sont un facteur exogène aggravant des violences conjugales, les écarts importants de diplômes semblent l'être aussi. « Quant au diplôme, pour les femmes dont le conjoint est sans diplôme ou de niveau brevet des collèges, le taux de violences s'élève, et il est encore plus élevé si elles sont, elles-mêmes, d'un niveau supérieur. En revanche, si la femme est peu ou pas diplômée et que son conjoint est diplômé de l'enseignement supérieur, la part des victimes déclarées diminue », observe ainsi la même enquête. Cette affirmation vient corroborer les éléments vus dans l'« Idée reçue n° 15 », et démontrer que les hommes violents avec leurs partenaires éprouvent souvent un complexe d'infériorité et le leur font « payer » par la violence, consciemment ou non.

Dans ces cas précis, comment expliquer que les femmes qui ont plus de diplômes et des revenus plus importants que leur conjoint ne le quittent pas ? C'est à mon humble avis une spécificité des couples très riches : les liens financiers liés au patrimoine et à l'héritage freinent parfois les velléités de départ de ces femmes qui estiment avoir « beaucoup à perdre ». Et il ne s'agit pas de les juger…

IDÉE REÇUE N° 24

« La prison empêche la récidive »

Donner des chiffres et des pourcentages est toujours un exercice délicat en matière de violences sexistes et sexuelles. En effet, le tabou qui pèse sur ce sujet depuis des siècles – la honte que les agresseurs tentent de faire éprouver aux victimes, la crainte de n'être pas crues – a trop longtemps contraint les victimes au silence et amené la société à la surdité.

Néanmoins, à partir des chiffres officiels (10 % de plaintes, 10 % de condamnations), on peut déduire qu'environ 1 % des violeurs seraient en prison. Où sont donc les 99 % restants ? En liberté. La quasi-totalité des violeurs en France, en 2018, étaient libres – c'est un constat – de vivre leur vie, d'aller et venir paisiblement de leur domicile à leur lieu de travail, de partir en voyage, de prendre le bus, de participer à des fêtes, d'approcher des enfants.

Ce constat est révoltant pour un État de droit, pour une démocratie telle que la France, berceau du féminisme philosophique. Ce constat est inacceptable et il n'est plus accepté. Et quand bien même ne seraient-ils que 90 %, 60 %, 30 %… Quand bien même il ne resterait qu'un seul violeur non condamné : ce serait encore un de trop.

Les raisons de ce que certains appellent une « relative impunité » sont multiples : le silence que j'évoquais, l'accès à la plainte, la difficulté à aboutir, lors des procès, à de véritables condamnations en justice faute de textes assez clairs et en correspondance avec les situations réelles et actuelles.

Le silence, les femmes du monde entier ont commencé à lui régler son compte. Au même moment, partout dans le monde, des femmes qui ne se connaissaient pas entre elles et qui ne se sont pas concertées ont fait part d'expériences communes par le biais des réseaux sociaux. Ce faisant, elles ont permis à la société tout entière de retirer les œillères qu'elle portait. On a parlé de « libération » de la parole des femmes.

Mais c'est surtout l'écoute de la société qui s'est enfin libérée, car nous, les femmes, cela fait des générations que nous parlons des agressions sexuelles, des viols, du harcèlement de rue, du harcèlement sexuel au travail, des agresseurs du métro, des atteintes que nous vivons, des injures sexistes, des intimidations ou des menaces, que nos amies, nos sœurs, nos filles vivent, que nous craignons pour nous ou pour elles chaque jour ou presque en fonction des contextes.

Et pour les violences dans le couple ?

Je suis féministe, parce que je suis humaniste. Je défends les droits des femmes parce que je défends les droits humains. Je crois très sincèrement à la rédemption. J'ai confiance dans le genre humain et je pense qu'à de rares cas pathologiques près, un homme violent peut être pris en charge et changer. C'est pourquoi, lors du Grenelle des violences conjugales, j'ai créé pour la France la politique publique des centres de prise en charge des auteurs de violences conjugales. J'ai visité celui qui a été créé dans le nord de la France par l'ancien procureur Luc Frémiot. J'ai été bouleversée et convaincue par ce que ces hommes m'ont dit, même si le face-à-face fut éprouvant. « J'ai toujours vu mon frère frapper ma belle-sœur, mon père frapper ma mère, pour moi c'était une chose qui se faisait. » « Je ne sais pas gérer mes accès de colère. » « Je n'avais pas conscience que cela traumatisait les enfants à ce point. » Il est, bien sûr, toujours difficile de savoir si ce sont des postures ou si ces aveux sont sincères mais, aujourd'hui, la prise en charge existe et il est démontré qu'elle fait baisser la probabilité de récidive des violences conjugales.

IDÉE REÇUE N° 25

« Les chasseurs sont plus violents avec les femmes que les végétariens »

Partout où il y a une arme à feu, il y a danger. Cela me semble clair et simple à répéter. Les accidents de chasse ou le mésusage de l'arme théoriquement réservée à la chasse le montrent hélas régulièrement dans de nombreux faits divers[1].

« Dans le détail, Reporterre a identifié au moins 94 morts provoquées par des armes de chasse en 2020, et 95 en 2021. En 2020, nous avons comptabilisé 38 hommes tués, 27 femmes tuées, 26 suicides, deux accidents auto-infligés et un décès provoqué par l'intervention en riposte du Groupe d'intervention de la gendarmerie nationale (GIGN). En 2021 : 41 hommes tués, 24 femmes tuées, 27 suicides, et 3 morts provoquées par une intervention du GIGN[2] », établit froidement un site spécialisé. Les armes de chasse tuent, c'est un fait, comme les couteaux de cuisine et les cordes. Cela étant, dans plusieurs de ces affaires, les armes dites « de chasse » ne furent pas utilisées pour la chasse à proprement parler. Par

1. Delphine Toujas, « La soirée chez un chasseur manque de tourner au drame à Sens », *L'Yonne républicaine*, 28 août 2022.

2. Moran Kerinec, « Féminicides, suicides… les ravages des fusils de chasse », reporterre.net, 9 décembre 2021.

exemple, dans une affaire que je connais hélas bien pour l'avoir suivie en tant que ministre, l'homme violent qui s'était retranché chez lui était un survivaliste armé jusqu'aux dents. Difficile donc de le considérer comme un « chasseur ». Toutefois, reporterre.net a raison sur le fait que la présence d'une arme au domicile augmente la probabilité de féminicide, puisque c'est le mode opératoire le plus utilisé. C'est d'ailleurs pour cela qu'avec le Grenelle des violences conjugales j'ai mis en place la saisie des armes dès la plainte, avant même le jugement, considérant les armes comme un danger.

Au-delà de la lapalissade (« Les armes tuent »), peut-on affirmer que les chasseurs sont plus violents avec leur compagne ? Véhiculent-ils un imaginaire et des idées qui excusent, minimisent ou propagent la violence de genre ? Sincèrement, il est impossible de l'affirmer scientifiquement au-delà du ressenti de chacun et de son opinion sur la chasse. « Sur la saison 2020-2021, 80 accidents de chasse ont été recensés, dont 7 mortels concernant 6 chasseurs et 1 non-chasseur. Le nombre de victimes d'accidents de chasse a diminué continuellement depuis plus de 20 ans. Il était ainsi de 232 en 2000 et de 131 en 2010[1] », souligne Thierry Coste, conseiller politique de la Fédération nationale des chasseurs, qui évoque aussi la comparaison avec les morts causées par les accidents de trottinettes et de deux-roues : « Donc 27 cyclistes tués + 22 personnes en trottinette = 49 morts en 2021 causés par les trottinettes et les vélos, bien plus que par la chasse. »

1. Propos rapportés par Marie-Liesse de Greef-Madelin dans « La chasse pourchassée », *Valeurs actuelles*, hors-série Grand débat n° 8, octobre 2022.

De leur côté, les végétariens sont-ils forcément des progressistes féministes ? En France, nos représentations mettent en scène un chasseur conservateur de droite et un végétarien en Veja qui vote Europe Écologie – Les Verts. Au-delà du fait que même des hommes féministes ou de gauche peuvent être violents, comme évoqué plus tôt, rien ne permet de l'affirmer scientifiquement. On pourra citer Attila Hidman, militant néonazi conspirationniste célèbre pour sa publication de recettes véganes allemandes, rappeler qu'Adolf Hitler était végétarien et que de nombreux suprémacistes blancs américains se revendiquent militants de la cause végane, comme le rappelle Vice[1]. Moins extrême, l'ancien Premier ministre anglais Boris Johnson, conservateur, revendique son régime végane.

Attention ! je ne dis pas que « les végétariens sont nazis ». Je dis simplement que la théorie selon laquelle les chasseurs frappent plus leur femme n'est absolument pas étayée scientifiquement. Les différentes études sur le profil des chasseurs montrent qu'ils sont tout aussi parisiens que campagnards, exercent autant une activité d'indépendants que de salariés, d'ouvriers que d'intellectuels. Il n'est donc pas pertinent d'en tirer des conclusions, ni dans un sens ni dans un autre. Je ne suis pas particulièrement chasseuse, je ne pratique jamais cette activité, et je pense qu'elle doit être mieux réglementée. Mais je n'irai pas affirmer des faits invérifiables pour autant. Il me semble que ce sont là les limites de l'intersectionnalité : visant à la base à faire se répondre des discriminations entre elles, comme le

1. Alexis de Coning, « Pourquoi autant de suprémacistes blancs sont véganes », vice.com, 27 octobre 2017.

fait Angela Davis dans *Femmes, race et classe*[1], l'intersectionnalité finit par mélanger tout et n'importe quoi, et l'on pourra bientôt affirmer que les roux dorment plus, que ceux qui aiment le poisson pané n'ont pas souvent des chats, ou que footballeur est la profession qui abuse le plus des femmes prostituées. En croisant des données qui n'ont aucun rapport entre elles, on peut faire dire n'importe quoi à n'importe qui.

1. Angela Davis, *Femmes, race et classe*, Des femmes, 1983.

IDÉE REÇUE N° 26

« Il n'y a pas de profil type de l'homme violent »

Tout homme peut devenir violent avec sa compagne, tout couple même équilibré peut basculer dans la violence. « On ne comprend pas, Jonathann Daval était si gentil. » « [Lucas L.] était un garçon sans histoires. » « [Xavier Dupont de Ligonnès] était un père de famille responsable. » Derrière le mythe du gentil mari ou du petit ami attentionné se cache souvent une violence que la victime elle-même, par honte, par peur ou par amour, dissimule y compris à ses proches. Pourtant, les schémas de répétition permettent de dégager des points communs forts entre toutes les affaires de violences dans le couple, même les plus particulières d'entre elles.

« À des degrés différents, tous se déresponsabilisent vis-à-vis des faits violents commis, en invoquant des points d'origine qui sont toujours extérieurs à eux-mêmes : stress au travail, perte d'emploi, problème d'argent, désaccord quant à l'éducation des enfants, problèmes avec la belle-famille, etc. Parmi eux, la consommation d'alcool est l'argument de choix. Il en est un second : le comportement "inadapté" de l'épouse. S'il est une certitude que perdre son travail n'est pas sans impact, il est une observation récurrente : ces éléments contextuels ne sont que très rarement traités par les hommes violents comme ayant généré une anxiété et une souffrance qui mériteraient d'être soignées. Il n'est pas rare que certains d'entre eux évoquent leur trouble sans l'avoir conscientisé : "J'ai le cœur fragile, madame", "Je suis stressé" ou bien encore "Je suis trop gentil, je me fais souvent avoir"[1] », expliquent deux des plus grands spécialistes du sujet, la psychologue Ernestine Ronai et le juge Édouard Durand.

La compréhension de la psyché de l'homme violent est longtemps restée taboue, « pas notre problème », balayée d'un revers de main. Pourtant, c'est en comprenant l'agresseur que l'on comprend la violence. C'est pour cela qu'Alain Legrand a fondé la Fédération nationale d'accompagnement des auteurs de violences (Fnacav). « Alors de qui parle-t-on lorsque nous parlons des auteurs de violences ? Vous comprenez déjà, je l'imagine, qu'il n'y a pas une réponse, mais une multitude de réponses et aussi de questions sans réponses, que ces réponses ou non-réponses dépendent de tel ou tel type de catégorisation, de perspective et, pour nous, essentiellement du style de personnalité sous-jacent et du contexte social dans lequel cette personnalité est immergée [...]. Les relations amoureuses se prêtent ainsi particulièrement bien à leur émergence, notamment lorsque ces relations perdurent. Tous les prétextes conduisent d'une manière ou d'une autre à la mise en avant d'une revendication narcissique qui masque dans la plupart des cas d'intenses sentiments de dévalorisation [...]. S'y adjoignent les attentes infantiles où se rejouent sans cesse des craintes d'abandon et de rejet que viennent dissimuler par exemple des sentiments de

1. Ernestine Ronai et Édouard Durand, *Les Violences conjugales. J'ai le droit d'être protégée*, Dunod, 2017.

Une réponse pénale pour 9 auteurs de violences conjugales sur 10

« Parmi les 53 400 auteurs poursuivables, 11 % ont vu leur affaire classée pour inopportunité des poursuites, le plus souvent en raison de la carence ou du désistement du plaignant (figure ci-dessous). Ce sont donc 89 % des auteurs poursuivables qui ont fait l'objet d'une réponse pénale (le taux de réponse moyen en 2015 pour l'ensemble des contentieux s'élève à 88 %). »

(Rapport du ministère de la Justice)

Traitement judiciaire des auteurs de violences conjugales

53 400 auteurs poursuivables dans les affaires terminées en 2015

5 900 auteurs dans les classements pour inopportunité (11 %)

47 500 auteurs ayant fait l'objet d'une réponse pénale (89 %)

19 300 auteurs ayant fait l'objet d'une procédure alternative réussie (41 %)

Dont	*Rappel à la loi*	*13 000*
	Médiation pénale	*3 600*

2 000 auteurs ayant fait l'objet d'une composition pénale réussie (4 %)

26 200 auteurs ayant fait l'objet de poursuites (55 %)

Dont	*Tribunal correctionnel*	*25 900*
	COPJ	*11 200*
	PV du procureur	*6 200*
	Comparution immédiate	*4 000*
	CRPC	*2 500*
	Caution directe	*1 100*
	Après instruction	*600*
	Cour d'assises	*150*
	Non-lieu après instruction	*100*

jalousie. Ces sentiments servent également au dessein de la possessivité et en deçà, au besoin d'emprise qui exprime lui-même l'atteinte identitaire et le besoin de contrôler, à la fois pour s'assurer de la satisfaction de ses besoins, qu'ils soient affectifs, libidinaux ou autres, et pour s'assurer de sa capacité à agir sur les autres et l'extérieur. Ces traits et d'autres encore ne sont pas synonymes de violences. Ils représentent plutôt la surface visible d'un ensemble d'éléments intérieurs, des "objets mentaux", provenant d'un vécu intériorisé, qui se sont structurés entre eux pour former des sortes de schémas directeurs vers lesquels est reconduit le sujet chaque fois qu'il rencontre une situation qui, par une analogie ou une autre, lui rappelle ces premiers éléments à partir desquels il s'est construit. »

Les travaux sur les auteurs de violences conjugales sont rares et précieux. Dès 2006, par exemple, le Dr Roland Coutanceau rappelait que les auteurs de violences ont des profils très différents, et même insaisissables : le schéma de répétition reste donc très différent d'un auteur de violences à un autre. Toutefois, il distinguait (et d'autres le rejoignent en cela, comme le service des bonnes pratiques professionnelles de la Haute Autorité de santé de 2016, d'où sont issues ces classifications) trois profils spécifiques d'auteurs de violences dans le couple : 1/ l'immature, d'apparence normale, qui peut relever d'une pratique psychothérapique individuelle classique ; 2/ l'égocentré, présentant de multiples problématiques (difficultés à exprimer ses émotions, difficulté d'autocritique, etc.). Il banalise ou minimise les violences causées sur autrui et « appara[ît] dans un premier temps plus préoccup[é] des conséquences pour [lui-même] que du ressenti de [sa] compagne », décrypte la Haute Autorité de la santé, évoquant une prise en charge difficile de sujets blâmant sans cesse la victime et adoptant une posture défensive victimaire pour eux-mêmes ; 3/ le paranoïaque mégalomaniaque. « Dans ces cas de figure, la violence s'inscrit dans une conflictualité quotidienne en privilégiant l'emprise dans leur approche de l'autre. Il est important de rendre compte de ce profil à la femme victime, dans la mesure où cela peut l'amener à accélérer une décision de séparation. Sur la base de plusieurs études relatives aux auteurs de violences conjugales, différentes caractéristiques se dégagent : ces comportements violents sont fortement associés à la prise de toxiques (substances psychoactives, alcool, etc.), et ils sont couramment associés à des désordres psychologiques et troubles de la personnalité », analyse ce même rapport de la Haute Autorité.

Dans toutes les études, provenant de toutes les sources, des traits de caractère communs à tous les auteurs de violences dans le couple sont mis en exergue : l'estime de soi fragile ou instable, la dépendance affective à l'égard de sa partenaire, associée à une recherche du contrôle de celle-ci (ou de celui-ci), une difficulté à comprendre et à exprimer ses propres émotions, une paranoïa (on est avec ou contre lui, il n'y a pas de place pour la nuance). La tolérance élevée à la violence sous ses autres formes (quotidienne, politique, dans la fiction, contre les animaux ou les enfants…) et une idéologie misogyne viennent fréquemment compléter le tableau.

Toutefois, ils peuvent s'avérer être des maris ou des petits amis charmants, achetant fleurs et bijoux et couvrant l'autre de mots d'amour en public dans les phases dites de « lune de miel ».

Après le Grenelle des violences conjugales, et dans un contexte de débat sur le retrait de l'autorité parentale des hommes violents, la Haute Autorité de la santé a souhaité actualiser ses documents internes et a produit un guide des bonnes pratiques professionnelles incluant le rôle de l'homme violent comme parent. « Les recherches sur l'exercice de la parentalité des auteurs de violences conjugales sont nettement moins nombreuses. Ces parents y sont décrits comme des pères peu impliqués, peu empathiques, utilisant beaucoup de renforcements négatifs et peu de renforcements positifs, se mettant facilement en colère et susceptibles d'utiliser la force physique et verbale dans leurs méthodes disciplinaires. Une propension au dénigrement et à l'instrumentalisation de l'enfant s'ajoute à ce style parental marqué par la distance et l'impulsivité. En pratique, l'auteur de violences conjugales est le plus souvent interrogé en tant que "conjoint" et beaucoup moins en tant que "parent". Or, l'ensemble des recherches consacrées aux violences conjugales montre qu'il est impératif que la dimension de la parentalité soit prise en compte dans la prise en charge des auteurs de violences. De plus, il convient de ne pas oublier d'interroger et de travailler les compétences paternelles dans la prise en charge des enfants. »

Il y a donc en réalité un profil type fait de médianes et de moyennes de l'homme auteur de violences, sinon dans son ADN, dans ses conditions de vie. Le plus souvent, il est inactif ou dans une situation matérielle difficile – ce qui, une fois encore, ne signifie pas que les hommes aisés financièrement ne sont jamais violents. Mais ce qui unit le boucher-charcutier, le grand patron, l'homme politique et le fumeur de joints est davantage des traits de caractère pathologiques et un rapport à l'autre conflictuel. La peur terrible que leur partenaire s'autonomise, voire les abandonne – en comprenant bien qu'ici, un déjeuner avec une collègue, un temps passé au téléphone avec sa mère ou l'exercice d'une passion ou d'un loisir sont considérés comme des abandons symboliques.

« Les auteurs utilisent la violence pour maintenir leur pouvoir et leur contrôle dans la relation conjugale. Cette attitude est souvent basée sur des concepts stéréotypes : l'acceptation par la société d'une domination masculine, une vision traditionnelle des rôles dans le couple en fonction du genre, l'association masculinité et domination, et l'acceptation de la violence comme moyen de résoudre les conflits. D'autres facteurs peuvent aussi intervenir : des antécédents familiaux de violences conjugales, des antécédents d'enfance maltraitée ou négligée, des troubles mentaux et la toxicomanie. La pauvreté, le chômage et la délinquance constituent aussi des facteurs de risque de violences conjugales », rappelait déjà la Haute Autorité de la santé en 2017, qui concluait : « Cependant, ces situations restent des facteurs de risque et ne constituent pas des caractéristiques du profil d'un auteur de violences conjugales. »

IDÉE REÇUE N° 27

« Les crimes d'honneur n'existent plus »

Les crimes dits « d'honneur » sont une réalité, en France et dans le monde, à notre époque. De Sohane, brûlée vive dans un local à poubelles, à Chahinez, morte en pleine rue à Mérignac, de la miss Italie Gessica Notaro aux 150 Indiennes brûlées à l'acide chaque année, de la jeune Shaïna (14 ans) aux Iraniennes et aux Afghanes, de Malala à Natalia Ponde De Leon, jusqu'aux menaces contre les femmes politiques françaises de les conduire au bûcher... Partout dans le monde, des femmes sont brûlées. Parfois vives, parfois après leur mort. On évoque Jeanne d'Arc ou les sorcières. En réalité, les crimes d'honneur semblent se répandre sur la planète. Peut-on les quantifier ? Les qualifier ? Les dénoncer ? Pourquoi certains hommes ont-ils cette certitude qu'ils disposent du droit de brûler les femmes ? Et comment vivons-nous avec cette certitude ? Le bûcher est une possibilité. Et ces faits augmentent dans plusieurs pays[1].

« Schiappa au bûcher. » Je ne sais pas pourquoi, parmi toutes les menaces et les insultes que j'ai reçues

1. Sonia Reveyaz, « En Inde, les femmes sont de plus en plus victimes d'attaques à l'acide », *Les Inrockuptibles*, 20 décembre 2019.

depuis le début de ma vie politique, celle-ci m'a profondément meurtrie. Plus que toute autre. « Schiappa au bûcher », avec mon nom de famille sans faute d'orthographe, et une menace, une annonce, presque : au bûcher ! Cette inscription figurait place de la Nation et j'avais une seule peur : que mon père passe devant et la voie. « Schiappa au bûcher » inscrit au marqueur, en lettres majuscules et régulières.

Pourquoi ces mots-là précisément ? Pourquoi me menacer du bûcher, quand il est si facile d'insulter autrement, comme je lis mille invectives par semaine sur Twitter, de la « reine des salopes » à « pute à Juifs ». Pourquoi avoir choisi un vrai mur, un mur de Paris, un mur du quartier de mon père, pour inscrire en lettres noires ces mots ?

Le dictionnaire affirme que le bûcher est un amas de bois destiné à un rite funéraire ou à brûler un cadavre. Suis-je un cadavre vivant aux yeux de l'auteur de cette invective ? Comme Élie Seimoun dans *Kaammelott*, est-ce une obsession pour le feu ? Le cri du cœur d'un pompier pyromane ?

« Le contexte compte », comme disent les enquêteurs. Revenons au contexte, donc. Gilets jaunes, acte XI : un mouvement peut-être un peu en peine d'idées innovantes pour attaquer les membres du gouvernement ? Certes, mais sur une quarantaine de ministres, pourquoi viser justement la secrétaire d'État chargée de l'Égalité entre les femmes et les hommes ? C'est le journaliste Olivier Biffau qui, dans un tweet du 27 janvier 2019, dévoila cette inscription : « La France, ce beau pays de la tolérance où, à l'évidence, chaque jour qui passe montre que l'Histoire a inversé son cours. Après la guillotine de 1793 revenue à la mode, le bûcher de 1431 pointe ses braises. »

En 1431, Jeanne d'Arc est brûlée vive à Rouen. Plus de deux siècles avant les procès des sorcières de Salem. Comme pour Elvis Presley et Michael Jackson, certains affirment encore que Jeanne n'aurait pas été brûlée vive. On aurait mis une femme anonyme à sa place et la « pucelle » serait restée en prison. « Pourquoi donc Jeanne d'Arc n'a-t-elle pas été brûlée ? D'abord parce que personne n'a pu produire un procès-verbal officiel du brûlement. Soyons beaux joueurs et donnons gain de cause sur ce point à M. Grimod : l'historien ne dispose sur Jeanne au bûcher que de témoignages oraux et écrits, de récits contemporains et du consentement quasi universel, comme pour Jésus-Christ par exemple. Ensuite ni Anglais ni Français n'auraient osé la faire périr de mort violente, attendu qu'elle était fille adultérine de Louis, duc d'Orléans, et d'Isabeau de Bavière, reine de France, et qu'elle appartenait ainsi au sang royal. Enfin dernière preuve et qui pourrait dispenser de toutes les autres : la Pucelle a reparu quelques années après la comédie de Rouen, bien vivante et si peu changée que nombre de personnes et sa mère elle-même l'ont reconnue ; plus tard elle est devenue par mariage la dame des Armoises et a donné, croit-on, deux enfants au moins à son mari[1]. » Pourtant, consensus historique il y a et, surtout, il y a l'inconscient collectif, cet imaginaire commun qui nous donne des références identiques. Ainsi, pour nous, Jeanne d'Arc est morte brûlée vive après avoir été condamnée pour hérésie parce qu'elle voulait bouter les Anglais hors de France, et c'est ce que nous avons tous appris à l'école. Le feu est une punition, brûler une femme est une possibilité.

1. Charles Samaran, « Jeanne d'Arc a-t-elle été brûlée ? », *Le Monde*, 1952.

Au cours de l'Histoire, peu d'hommes ont été brûlés vifs. C'est une particularité de genre. Peu de femmes brûlent vif qui que ce soit d'ailleurs, mais nous y reviendrons. Après Jeanne d'Arc au XVe siècle, en Europe, les historiens rapportent trois siècles au cours desquels brûler des femmes reste une option. Pendant les chasses aux sorcières, certains attestent le fait que beaucoup seraient décédées d'autres manières, par pendaison le plus souvent, ou en étant écartelées (c'était le cas en Corse). Néanmoins, là aussi, dans l'imaginaire collectif, on brûle les sorcières. Ce qui donne cet échange tiré de *Sacré Graal*, des Monty Python : « Comment savoir si c'est une sorcière ? – Brûlez-la ! Si elle ne meurt pas c'est une sorcière. Si elle meurt, c'est qu'elle était innocente. » On rapporte que c'est au XVIIIe que fut, en Europe, brûlée pour sorcellerie la dernière femme : Catillon était une femme pauvre accusée de jeter des sorts aux bourgeois qui refusaient de lui faire l'aumône[1].

Notons que pour tous ces cas, ce ne sont pas seulement des femmes qui sont brûlées vives, ce sont le plus souvent des femmes pauvres, et des femmes que l'on considère comme savantes d'une manière ou d'une autre, sur la guerre ou sur la santé. Il y eut également, il y a un peu plus de deux cent cinquante ans, des homosexuels condamnés[2].

À partir de 1810, le Code pénal définit les « atteintes volontaires à la vie » et fait peser sur le meurtre une interdiction légale. Alors comment le crime dit

1. « Faut-il réhabiliter Catillon, la dernière femme brûlée pour sorcellerie en Suisse ? », émission « Le pourquoi du comment : histoire », France Culture, 10 Juin 2022.

2. AFP, « Il y a plus de 250 ans, la dernière exécution d'un couple homosexuel à Paris », 20 Minutes, 18 octobre 2014.

« d'honneur » peut-il perdurer aujourd'hui encore, dans une sentence parfois prononcée par les parents eux-mêmes pour « laver » leur honneur par le feu[1] ?

« Depuis la Rome antique, les crimes d'honneur sont un phénomène connu ; le *pater familias* ou l'homme le plus âgé de la famille avait alors le droit de tuer sa fille célibataire qui avait des relations sexuelles ou une femme adultère. Les crimes d'honneur existaient en Europe, au Moyen Âge ; par exemple, selon le droit judaïque ancien, la mise à mort par lapidation était la peine imposée à une femme adultère et à son partenaire. De nos jours, cette pratique est principalement associée à des régions de l'Afrique du Nord et du Moyen-Orient », décrypte Sharif Kanaana, professeur d'anthropologie à l'université Beir Zeit, en Cisjordanie, dans une enquête canadienne sur les crimes d'honneur. Car c'est souvent ce qui mène au bûcher ou sur le billot les femmes dans le couple ou dans la famille.

Dans les études sur les morts violentes au sein du couple, ce mode opératoire est dit « par incendie ». En 2021, une victime, en 2020, deux victimes, en 2019, quatre victimes... Ce n'est pas le principal mode opératoire des féminicides (qui est l'arme à feu), mais il survient souvent en complément d'un « plus classique », auquel cas il n'est pas comptabilisé comme tel. Pourtant si l'on englobe les attaques à l'acide et les incendies déclarés après la mort, les exemples pleuvent. En Inde, une femme par heure est tuée de la sorte à la suite d'un désaccord sur sa dot[2].

1. Magdalena Rosende, « Souad : brûlée vive », *Nouvelles questions féministes*, 2004/2 (vol. 23).

2. Hélène Guinhut, « La dot ; une coutume qui tue une femme par heure en Inde », *Elle*, sans date. En Inde toujours, il est très récent que l'on ne demande plus aux veuves de s'immoler après la mort de leur mari.

En Jordanie, il n'y a pas si longtemps, une femme enceinte fut brûlée vive par son compagnon[1]. En Italie, c'est une ancienne miss qui a été attaquée de la sorte par son ex-petit ami[2]. La Suisse a connu l'affaire de l'escort-girl Marlène, tuée aussi par incendie[3]. En 2011, Agnès, mère de famille, était brûlée intentionnellement à mort[4].

À Creil, plus récemment, c'est une petite adolescente, vraisemblablement enceinte, qui fut tuée et brûlée dans des conditions atroces par son ancien petit ami[5]. Un père de famille de 42 ans a également mis le feu à la voiture où se trouvaient sa femme et ses trois enfants[6]. On se souvient du meurtre de Chahinez, à laquelle son mari a donné un coup de feu dans le genou pour l'immobiliser avant de la brûler vive en pleine rue à Mérignac et d'en prendre des photos, alors qu'elle avait déposé des plaintes pour violences conjugales auparavant[7], ou de ce père de famille qui a frappé sa femme à coups de couteau avant de lui mettre le feu[8].

---

1. Rédaction, « Jordanie : une femme enceinte tuée et brûlée vive », *Charente libre*, 14 avril 2013.

2. « Italie : attaquée à l'acide, l'ancienne Miss raconte son calvaire », *Le Parisien*, 20 janvier 2017.

3. Ronan Folgoas, « Tuée en Suisse, retrouvée brûlée dans une valise en France : Marlène, l'escort-girl qui gagnait trop bien sa vie », *Le Parisien*, 6 septembre 2022.

4. AFP, « Meurtre d'Agnès : "Il reconnaît l'avoir tuée, violée et brûlée" », *Midi libre*, 19 novembre 2011.

5. Rédaction, « Tuée et brûlée à Creil, l'adolescente était "vraisemblablement" enceinte », *Paris Match*, 1er novembre 2019.

6. « Un père de famille brûle sa femme et ses 3 enfants… lors du trajet vers l'école », public.fr, 11 mai 2022.

7. Margaux d'Adhémar, « "Elle voulait vivre comme une Française" : Chahinez B., mère de famille brûlée vive par son mari », *Le Figaro*, 7 mai 2021.

8. Meghann Rakotomalala, « Nice : il brûle sa femme au 2e degré et la poursuit avec un couteau », cnews.fr, 15 août 2021.

Elles sont souvent brûlées vives. Parfois, après le meurtre, comme Alexia Fouillot, mais c'est plus rare.

Car la spécificité du crime dit « d'honneur », que l'on devrait rebaptiser « crime de déshonneur », c'est qu'il se produit bien souvent avec l'aval de la famille ou des proches dans le but de punir une femme d'une vie « trop libre ». C'est ainsi que les proches de Chahinez ont témoigné qu'elle voulait « vivre à l'occidentale ». Ce mode opératoire se retrouve dans certains pays et, en France comme en Europe, il est connoté, pratiqué souvent par des hommes de nationalité étrangère ou ayant grandi à l'étranger. C'est une réalité. Le but est de punir, de « laver » symboliquement une faute, disent certains. Il s'agit surtout d'effacer, de faire disparaître. Ainsi au cours du procès de l'affaire Sohane Benziane, Me Szpiner se souvient que la magistrate n'a pas montré les photos du corps. « Le visage avait fondu. On ne pouvait pas la reconnaître. C'était glaçant. »

Une autre question reste en suspens : quand on a extirpé le meurtrier de la voiture lors de la reconstitution, la cité applaudit. Pourquoi ?

IDÉE REÇUE N° 28

« Le confinement a fait baisser les violences intrafamiliales »

La période de confinement a donné à connaître un immense paradoxe : le nombre des féminicides a baissé, un nombre historiquement bas de femmes tuées par leur conjoint, le plus bas connu depuis que l'on recense les féminicides ! Est-ce parce que les femmes n'ont pas pu annoncer leur volonté de rompre, élément déclencheur majeur des féminicides, comme nous l'avons déjà expliqué ? Est-ce parce que des sources de tension habituelles (travail, jalousie, visites chez la belle-famille, etc.) se sont de facto *estompées ou évanouies ? Est-ce parce que, pour une fois, toute la société s'est mobilisée, déployant comme jamais des dispositifs de prise en charge des violences ? Il est permis de le penser, car ce phénomène n'a pas été noté dans d'autres pays aux politiques publiques proches, comme l'Italie ou l'Allemagne. La période a donc connu un vrai paradoxe entre des violences intrafamiliales en explosion et des féminicides en diminution. Nous devons regarder en face ces subtilités et ces différences. Je les avais analysées en détail pour la Fondation Jean-Jaurès dans un rapport sur les menaces pesant sur les droits des femmes, en marge de la pandémie.*

La sociologue anglaise Heejung Chung, de l'université du Kent, évoqua un « retour à la femme au foyer des années 1950 » et une assignation à des rôles stéréotypés à la faveur du confinement. En sortie de confinement, de nombreuses femmes ont ainsi couru un risque d'épuisement silencieux, sans parler du poids de la crise économique qui risquait de réouvrir le débat, classique au sein des couples hétérosexuels avec enfants, sur le membre du couple qui devrait rester à la maison s'occuper des enfants, sur celui qui devrait trouver du travail, en cas de perte d'emploi des deux. Nous connaissons tous, et surtout toutes, la réponse.

En même temps, si la prévalence exacte est difficile à quantifier, précisément faute d'une possibilité d'indicateurs fiables immédiats, de nombreux pays ont fait état d'une augmentation des signalements aux forces de l'ordre ou des traitements en justice des violences conjugales pendant le confinement.

« Au cours de ces deux dernières semaines, à Mexico, les personnes arrêtées pour violences familiales dans le contexte de la Covid-19 ont augmenté de 7,2 % et 1 608 dossiers d'enquête pour violence familiale ont été ouverts, selon le bureau du procureur général », rapporte un article du journal *El País*, qui évoque par ailleurs une augmentation allant jusqu'à + 60 % des appels, selon certaines associations. Au Royaume-Uni, les autorités évoquèrent trois fois plus de femmes tuées par leur conjoint pendant le confinement. En France, il y eut cinq fois plus de signalements de violences conjugales sur la plateforme en ligne des forces de l'ordre.

En cause, évidemment, l'enfermement avec un prédateur ou un homme violent, mais aussi la plus grande difficulté pour les femmes de sortir et de trouver de l'aide auprès de collègues, d'amies ou de leur famille. En outre, un confinement peut exacerber les tensions et créer des conflits : sans confondre conflits et violences, l'un peut mener à l'autre et l'escalade s'accélère sans soupape de décompression, ni intervention extérieure d'un tiers ou possibilité immédiate et facile de mise à l'abri. Dans d'autres pays, les violences conjugales ont semblé augmenter, tandis que le rythme des féminicides a paru, dans le même temps, ralentir. Les données chiffrées actuelles sont toutefois à prendre avec une grande précaution : on sait que les féminicides surviennent souvent après un élément déclencheur, tel que, dans au moins la moitié des cas, l'annonce ou la crainte d'une séparation ou d'un départ. L'homme violent, considérant sa compagne comme un objet lui appartenant, et la déshumanisant, préfère la voir morte qu'autonome et passe alors à l'acte. Ces scénarios furent *de facto* limités pendant le confinement.

Au-delà des violences conjugales, les violences intrafamiliales suivirent le même chemin. Enfermées, les jeunes filles furent davantage sujettes aux dérives sectaires des familles, quand celles-ci leur imposent des pratiques radicales auxquelles elles ne souscrivent pas. Dans les familles, au-delà du viol conjugal, les violences sexuelles furent plus souvent perpétrées contre les enfants, notamment les petites filles. Des milliers d'entre elles se sont retrouvées enfermées avec un violeur ou un agresseur sexuel qui a pu profiter d'une période où ni l'école ni les membres de la famille ne pouvaient intervenir pour les protéger et où toutes les stratégies d'évitement des jeunes victimes (dormir chez une amie, en inviter une, partir chez ses grands-parents...) furent empêchées. Ces violences silencieuses bourdonnent. Lorsque l'on connaît la prévalence des violences sexuelles sur les enfants, l'enfermement d'une génération porte en soi des risques importants dans sa construction. L'accompagnement de ces psychotraumatismes devra être au rendez-vous partout.

De même, le désœuvrement lié au confinement, le manque d'encadrement et le sentiment d'impunité des cyberagresseurs derrière leur écran ont sans doute favorisé le harcèlement en ligne. Raids numériques sexistes ciblés contre des influenceuses ou des jeunes femmes, cyberharcèlement ciblé des femmes publiques, scientifiques ou politiques, prenant la parole dans les médias, et « *revenge porn* » ont explosé pendant le confinement.

En France, une de ces opérations porte même un nom, « fisha ». Le principe : mettre en ligne des photos ou vidéos intimes de très jeunes filles, prises lors de viols ou de rapports consentis, avec leurs coordonnées et leur identité dans le but de les humilier. Une cinquantaine de jeunes filles en ont été victimes (les contenus ont finalement été retirés à la demande des associations, des avocats et du gouvernement) tandis que, côté plateformes en ligne, la modération s'est avérée parfois plus lente que d'habitude.

« Lorsque les smartphones et les réseaux sociaux sont devenus omniprésents pour les étudiants, les taux de cyberintimidation ont augmenté. Cela a du sens, bien sûr, car il y avait maintenant un nombre presque illimité de cibles et d'agresseurs potentiels », analyse Sameer Hinduja, professeur à l'École de criminologie et de justice pénale du College for Design and Social Inquiry de la Florida Atlantic University (FAU) et codirecteur du Centre de recherche sur la cyberintimidation, dans un article de Gisèle Galoustian pour l'université de Floride. « Eh bien ! Pendant cette période sans précédent où ils sont tous coincés à la maison, ces mêmes étudiants utiliseront les applications encore plus qu'ils ne le font déjà, car ils seront obligés d'utiliser des plateformes en ligne pour apprendre, quel que soit leur niveau de confort ou de compétence. Les enseignants dispensent une éducation non seulement dans des systèmes de gestion de l'apprentissage comme Canvas, Blackboard et Moodle, mais même sur Roblox, Twitch et YouTube, entre autres. » Revers de la médaille de cette continuité pédagogique virtuelle : les chemins d'accès des harceleurs vers leurs victimes se sont démultipliés.

De même, les sites pornographiques indiquent une augmentation des consultations telle (25 % à 50 % de trafic en plus selon les pays) que certains ont même dû promettre aux autorités de réduire leur bande passante afin d'en laisser disponible pour le télétravail. Plusieurs plateformes ont profité du confinement pour lancer des opérations marketing avec contenus amateurs gratuits et cette consommation quotidienne a amené certains internautes à vouloir visionner des contenus toujours plus violents ou choquants. C'est l'escalade. Le rapport d'une ONG indienne, ICPF, indique « jusqu'à 200 % de la demande de contenu violent qui montre des enfants "étouffés", "saignants" et "torturés" pendant la période de l'étude » (pendant la pandémie). La demande de contenus nouveaux a explosé et ce furent donc les femmes et les jeunes filles dans les situations les plus précaires et difficiles qui en pâtirent, dans des conditions atroces. Cette surconsommation de porno – dont les scénarios sont loin d'être féministes, c'est un euphémisme – a renforcé, par ailleurs, fatalement, la représentation stéréotypée de la sexualité et contribué à dévoyer l'image des femmes, ce qui n'aide pas à réaffirmer la notion de consentement sexuel à présent que le confinement est derrière nous.

Quant au harcèlement de rue, si l'on peut aisément estimer que, confinées, les femmes furent moins suivies dans la rue, de nombreux témoignages induisent une réalité plus nuancée. « Nous sommes en pleine pandémie et je viens juste d'être harcelée dans la rue ! » clame le titre d'un article du *Telegraph*, au Royaume-Uni. En Inde, l'ensemble des violences sexuelles semble avoir augmenté pendant cette période : « Selon les données de la Commission nationale pour les femmes, 257 cas de délits contre les femmes d'une durée de dix jours (du 23 mars au 1er avril) ont été enregistrés, contre 116 cas enregistrés pour une durée de sept jours normaux (2 mars au 8 mars). 13 cas ont été enregistrés dans le cadre de viol ou tentative de viol, par rapport à la moyenne de 2 cas pendant les jours normaux. Les dix jours de l'isolement ont également vu une augmentation des cas de violence domestique qui sont passés à 69 au 1er avril, contre 30 entre le 2 mars et le 8 mars », indique un article de l'Indienne Anushika Srivastava.

Conclusion

Et la tendresse, bordel ?

De nombreuses idées reçues restent à battre en brèche.

Les femmes préféreraient les connards. Ce mythe du *bad boy* érigé en héros dans toutes les séries, de Dylan McKay le délinquant dans *Beverly Hills 90210*, à Chuck Bass le violeur dans *Gossip Girl*. L'idée que l'amour peut commencer par un kidnapping, comme dans *365*, ou par une contrainte comme dans *Cinquante nuances de Grey*, reste fort répandue.

Inversement, qui connaît l'hybristophilie, cette pathologie davantage féminine qui pousse certaines femmes à tomber amoureuses d'hommes ayant commis des crimes ? Viols, meurtres, braquages, voire attentats terroristes : les prisonniers reçoivent des lettres d'amour de femmes qui admirent leurs actes, même les pires – le nombre de tueurs en série mariés en prison avec des « fans » l'atteste dangereusement. Dans une moindre proportion, l'idée qu'un homme est violent rassure parfois certaines femmes. Cette violence perçue comme tournée vers les autres leur donne l'illusion qu'il sera protecteur à leur égard. Être tuée par amour serait donc finalement romantique, c'est une autre idée reçue fortement présente.

Sur le plan juridique, certains pensent encore que la présomption d'innocence empêche d'agir alors que, depuis le

Grenelle des violences conjugales, pléthore de mesures peuvent être prises en présentenciel, de l'ordonnance d'éloignement au bracelet anti-rapprochement.

L'idée reçue selon laquelle « face aux violences conjugales, communiquer dans les médias, ça ne sert à rien » est aussi néfaste. Communiquer dans un conflit sert toujours ! C'est grâce à la mobilisation de tous les canaux de communication existants que nous avons pu constater un premier résultat tangible, qui concerne le nombre d'appels reçus par le 3919 : samedi 3 septembre 2022, ce numéro a enregistré 1 661 appels. En outre, depuis cette date, il reçoit plus de 600 appels par jour, alors que la moyenne se situe habituellement autour de 200 appels quotidiens. C'est une hausse considérable. Concrètement, davantage de femmes sont donc accompagnées, orientées et prises en charge par le 3919. De même, de 8 à 9 % de la population française connaissaient le 3919 en 2017, contre 59 % désormais, d'après les derniers chiffres disponibles. Cela signifie que six personnes sur dix peuvent orienter une femme victime de violences vers ce numéro.

Enfin, une idée reçue continue de faire des dégâts, celle qui vise à dire, comme l'a affirmé Sandrine Rousseau au *Point*, que certaines femmes n'étaient « pas assez victimes » de violences sexistes et sexuelles pour s'engager dans le combat contre ces violences. Une féministe ne devrait pas dire ça. La lutte pour la protection des femmes, des hommes, des enfants, et de toute personne victime de violences doit être une action globale et commune, menée par des femmes comme par des hommes.

Nul besoin de connaître le goût du sang, la peur quand on fait semblant de dormir le soir, le désespoir de voir le week-end arriver et de se savoir prisonnière, l'accélération du cœur quand on entend la porte s'ouvrir – non pas par amour, mais par peur. La crainte qu'à tout moment la situation dérape au milieu d'un dîner, la suppression des SMS qui pourraient donner lieu à une crise, et l'hypervigilance qu'il faut avoir, tout le temps, partout, au cas où ça nous tomberait dessus.

Nul besoin de connaître les suppliques et les négociations, prononcées ou entendues : « Non, pas la tête ! » « Non, pas les enfants ! » « Non, pas dans la rue ! » Comme si, finalement, le reste, ce n'était pas « non ».

Nul besoin non plus de se dire qu'un jour le téléphone va sonner et qu'on nous annoncera que c'est terminé, maman est tombée, oui encore une fois ; non, elle n'a pas dévalé les escaliers, ou eu un accident de voiture, ou a été victime d'une rampe mal fixée, ou n'a pas vu la porte en se levant dans la nuit, mais autre chose, on ne sait pas quoi, comme cette fois où elle était couverte de bleus.

Parce que pour certaines, les bleus ne se voient pas, ou s'estompent, ou ne sont plus là. Mais le bleu est une couleur indélébile.

Table

Composition et mise en pages
Nord Compo à Villeneuve-d'Ascq

Achevé d'imprimer en février 2023
sur les presses de Normandie Roto Impression s.a.s.
61250 Lonrai
N° d'impression : 2300138

Imprimé en France

IMPRIM'VERT
Votre imprimeur agit pour l'environnement

PEFC
10-31-2541
Certifié PEFC
Ce produit est issu de forêts gérées durablement et de sources contrôlées
www.pefc-france.org